JN234178

保育を支援する発達臨床コンサルテーション

東京発達相談研究会＋浜谷直人　編著

ミネルヴァ書房

保育を支援する発達臨床コンサルテーション

目　次

序章　子どもと保育の現在 ……………………………………… 1
　序-1　子どもの視点から保育を考える …………………………… 1
　序-2　発達障害児の保育における特別なケア ……………………3
　序-3　コンサルテーションによる協同 …………………………… 4
　序-4　読者の方へ ……………………………………………………5

第1部　発達臨床コンサルテーションの理論

1　保育におけるコンサルテーションとは何か ……………… 11
　1-1　なぜコンサルテーションという用語を用いるか ……………11
　1-2　保育におけるコンサルテーション ……………………………12
　　　　1-2-1　保育コンサルテーションを定義する…12　1-2-2　コンサルタントとコンサルティの関係…14　1-2-3　コンサルテーションの目的と過程…15
　1-3　保育への支援 …………………………………………………17
　1-4　コンサルテーションにおける専門性 ………………………19
　1-5　相談員に求められる専門的中立性 …………………………20
　1-6　コンサルテーションにおける参入の問題 …………………20
　1-7　コンサルテーションにおける倫理的問題 …………………21

2　保育における発達臨床の専門性 ……………………………25
　2-1　保育と発達臨床との関係 ……………………………………25
　2-2　子どもの発達と保育の状態を適切に評価する ……………27
　　　　2-2-1　カテゴリーに基づいた評価…27　2-2-2　障害をみる専門性　発達障害の診断と分類…28　2-2-3　発達の水準と特徴をとらえる専門性…29　2-2-4　行動を状況に即して

　　　　　分析する専門性…31
　2-3　保育における発達臨床のニーズと専門性 ……………………34

3　コンサルテーションにおけるアセスメント …………37
　3-1　アセスメントの概念と発達診断 ……………………………37
　　　　3-1-1　アセスメントの概念…37　3-1-2　わが国における発
　　　　達診断の歴史と発達保障の思想…39
　3-2　コンサルテーションにおける発達臨床アセスメントの実際 ………42
　　　　3-2-1　アセスメントの概要…42
　　　　目的/プロセス/何を情報として収集するか/どこから，どのよ
　　　　うに情報を収集するか
　　　　3-2-2　望ましいアセスメントとは…49
　　　　問題状況として捉えるアセスメント/発達要求をくみとるアセ
　　　　スメント/ポジティブなアセスメント/専門家同志の連携によっ
　　　　て練りあげるチーム・アセスメント/生涯発達を見通したアセ
　　　　スメント

4　コンサルテーションを活かすための保育の基礎知識 ……55
　4-1　幼稚園・保育所および学童保育所における生活 ……………56
　　　　4-1-1　幼稚園・保育所における生活…56
　　　　職員組織/保育の特徴
　　　　4-1-2　学童保育所における生活…60
　　　　設置形態と職員組織/保育の特徴
　4-2　保育者および指導員の仕事と成長 ……………………………61
　　　　4-2-1　保育者の仕事と成長…61　4-2-2　学童保育所におけ
　　　　る指導員の仕事と成長…62
　4-3　地域の子育て資源 ………………………………………………63

第2部　発達臨床コンサルテーションの実際

5　保育の進行段階に応じた支援を行ったコンサルテーション
　　―保育園における事例(1)― ……………………………………67

5-1　保育園における統合保育とコンサルテーション ………67
5-1-1　歴史と現状…67　5-1-2　巡回相談の概要と特徴…68

5-2　保育の進行段階に応じた支援を行ったコンサルテーション ………70
5-2-1　相談までの経過…70

5-2-2　初回のコンサルテーション　71
子どもと保育の状態をアセスメントする/保育者に助言する/保育をどのように支援できたか

5-2-3　2回目のコンサルテーション…75
アセスメントの概要と助言

5-2-4　3回目のコンサルテーション…77
アセスメントの概要と保育への支援/どのように保育を支援したか

5-2-5　4回目のコンサルテーション…79
保育の成果を確認する/就学へ向けての支援

5-2-6　保育のニーズに応じたコンサルテーション…80
保育の進行段階に即してニーズを把握する/生起するイベントに応じてニーズを把握する/職種に応じてニーズを把握する

6　保育園のサポートシステムを構築したコンサルテーション
　　―保育園における事例(2)― ……………………………………87

6-1　初回巡回相談にむけての相談員の準備作業 ……………88
6-1-1　相談希望事項から相談ニーズを推測する…88　6-1-2　生育歴情報・療育情報から保護者や園を支える諸機関の有無を把握する…88　6-1-3　対象園との関わり経験から相談員

　　　　の役割を想定する…89

6-2　サポートシステム構築の経過 …………………………………………89

　　6-2-1　Ⅰ期（入園後半年程度）：園内調整の時期…89

　　　入園当初の状況（1歳7か月）/入園翌年の1～4月：園外からのサポートの必要性を感じ始めた時期（1歳10か月～2歳1か月）

　　6-2-2　Ⅱ期（入園2年目）：園と保護者との信頼関係の確立および専門機関からの支援の開始…91

　　　巡回発達相談による支援開始（2歳2か月）/保健センターによる支援（2歳7か月に両親のみで相談，2歳9か月と2歳11か月に保育者も同行）/相談員のフォロー：2回目の訪問（2歳8か月）

　　6-2-3　Ⅲ期（入園3年目）：ゆうじくんと保育者との関係確立，園外諸機関からの多様な支援…93

　　　固定的担当制の採用（3歳1か月から）/療育園で摂食指導を受ける（3歳2か月と3歳4か月）/相談員の3回目の訪問（3歳7か月）

　　6-2-4　Ⅳ期（入園4年目）：園内のサポートシステムの活性化…94

　　　他クラス保育者・他父母からの支援（4歳1か月から）/固定的担当制の見直し（4歳3か月から）

　　6-2-5　Ⅴ期（入園5年目から卒園まで）：就学および就学後に向けて新たなサポートシステム作り…95

　　　電話での相談（4歳11か月）/相談員の4回目の訪問（5歳4か月）

6-3　まとめと今後への示唆 ……………………………………………96

7　園内連携形成を支援したコンサルテーション
　―幼稚園における事例― …………………………………… 101

7-1　私立幼稚園における統合保育をめぐる今日的問題 ………… 101

7-2　相談体制が制度化されていない問題と
　　 本事例におけるコンサルテーションの導入 ……………… 103

7-3　コンサルテーション事例の特徴と概要 ……………………… 104

　　 7-3-1　幼稚園での受け入れ体制…104　7-3-2　プロフィール…105　7-3-3　コンサルテーションの概要…106

7-4　コンサルテーションの経過 …………………………………… 107

　　 7-4-1　貴史くんの事例…107

　　 Ⅰ期：模索期（年中：6月〜10月）/Ⅱ期：担任と相談員の関係形成期（年中：11月〜2月）/Ⅲ期：園内連携形成期（年長：6月〜3月）

　　 7-4-2　亮くんの事例…109

　　 Ⅰ期：模索期（年中クラス）/Ⅱ期：再び模索期，そして園内連携形成期へ（年長クラス）

7-5　保育の変化と発達相談による支援 …………………………… 112

　　 7-5-1　2つの事例に対する支援の成果…113

　　 園内連携体制の形成への支援/保育実践への支援/保育者と専門機関との連携の支援―園を地域の社会資源へ向けて開くことの支援/心理的安定への支援/園の潜在能力を活性化する支援

　　 7-5-2　事例の特徴に応じた支援のポイント…116

　　 子どもの問題の本質を見極めた支援/保育者の保育力量とコンサルテーションの期間に応じた支援

7-6　最後に ………………………………………………………… 117

8 保育者と親との連携を支援したコンサルテーション
――保健センターにおける事例――..................119

- 8-1 保健センターの役割の拡大 119
- 8-2 チームアプローチをめざして 121
- 8-3 保育者へのコンサルテーション 122
- 8-4 保育者と親との連携を支援した相談事例 123
  - 8-4-1 相談にいたる経過…123 8-4-2 第Ⅰ期 連携した取り組みへ（2歳代）…125 8-4-3 第Ⅱ期 保育者との関係調整（2歳後半から3歳前半）…127 8-4-4 第Ⅲ期 保育体制の再編成（3歳後半から4歳前半）…129
- 8-5 保健センターの心理相談員が保育者に行うコンサルテーションの特徴 130
  - 8-5-1 親を支える立場にたつ…130 8-5-2 チームアプローチにおけるチームの一員をめざす…131 8-5-3 保育者と保護者の協力への支援…131 8-5-4 子どもの発達像を伝える…132
- 8-6 おわりに 132

9 軽度発達障害児の発達理解を通して保育実践を支援したコンサルテーション
――学童保育所における事例(1)――..................133

- 9-1 学童保育所におけるコンサルテーションの概要 133
  - 9-1-1 学童保育所と統合保育の現状…133
  - 9-1-2 学童保育所におけるコンサルテーションの特徴…134
    学童保育所における統合保育の特徴に応じたコンサルテーション/学童保育の目的・役割に即したコンサルテーション/指導員の専門性と特性を考慮したコンサルテーション

9-2 軽度発達障害児の発達理解を通して保育実践を支援した
　　　コンサルテーション……………………………………135
　　9-2-1 自治体の受け入れ体制と事例の概要…135
　　　自治体の受け入れ体制/事例の概要
　　9-2-2 コンサルテーションの経過…137
　　　相談までの経過/巡回相談の経過/何が支援されたか

10　学童期6年間の発達および保護者との関わりを支援した
　　コンサルテーション―学童保育所における事例(2)― …………151

10-1　コンサルテーション事例の特徴 ………………………………151
10-2　巡回相談の経過 ……………………………………………………152
　　10-2-1 夏子ちゃんのプロフィール…152　10-2-2 1年生期：発達のアセスメントと発達段階に応じた保育に向けて…152　10-2-3 2年生期：場面の切り換えの悪さと甘えについてのアセスメント…153　10-2-4 3・4年生期：遊びと友だち関係の広がりをめざす…155　10-2-5 5年生・6年生前半期：心理的不安定さが顕著になり，保護者との協力関係を深める…157　10-2-6 6年生後半期：居場所としての学童保育…159

10-3　相談員がコンサルテーションにおいて果たした役割 ……160
　　10-3-1 保育アセスメントに時間的見通しを取り入れる（保育実践への支援①）…160　10-3-2 子どもの心理的不安定さの問題を認知発達の視点から検討する（保育実践への支援②）…161　10-3-3 指導員と保護者の協力関係への支援…162

10-4　ダウン症をもつ学童への発達支援………………………………163

11　巡回発達相談活動とタイアップさせた研修型コンサルテーション ……………………165

- 11-1　研修型コンサルテーションの目的と形態 ……………165
  - 11-1-1　力量形成への支援と心理的安定への支援…165
  - 11-1-2　講演と実践報告・実践交流…167
- 11-2　研修会の開催経緯と特徴 ……………………168
  - 11-2-1　保育者・自治体側の特徴…169
  - 11-2-2　相談員側の特徴…170
- 11-3　実践報告会の意義 ……………………170
  - 11-3-1　準備過程…170
  - 11-3-2　参加者にとっての意義…171
    実践報告者にとっての意義/聞き手にとっての意義/相談員にとっての意義
- 11-4　テーマ別グループ実践交流会 ……………………175
  - 11-4-1　準備過程…175
  - 11-4-2　参加者にとっての意義…176
    保育者にとっての意義/相談員にとっての意義
- 11-5　今後の課題 ……………………176

第3部　効果的なコンサルテーションをめざして

12　保育を有効に支援する相談員 ……………………181

- 12-1　保育者との関わりとコンサルテーション ……………181
  - 12-1-1　保育者との関係作り…181
  - 12-1-2　カンファレンスの役割…182
    カンファレンスとは/カンファレンスの実際
  - 12-1-3　コンサルテーションにおける報告書の役割…187

12-2 保護者との連携への支援とコンサルテーション …………188
　　12-2-1 保護者の心理状態…189
　　12-2-2 保護者との関係作りの留意点…191
　　　保護者との関係作りに悩む理由／保護者との関係作りに悩むときの対応
12-3 地域の専門機関との連携への支援とコンサルテーション ………195
　　12-3-1 地域のネットワークの実情を明示する…195　12-3-2 子どもの発達と障害を支援する地域の専門機関…197　12-3-3 専門機関との連携の際に生じる問題と対応…199　12-3-4 連携を保育に活かすために…200
12-4 行政との関わりとコンサルテーション ……………………201
　　12-4-1 コンサルテーションの認知度を高めるよう行政に働きかける…201　12-4-2 事前資料と報告書の扱いについて…202　12-4-3 研修会の企画を支援する…203
12-5 相談員の専門性の向上のために ………………………204
　　12-5-1 相談員としての力量の形成と位置づけの自覚…204
　　　保育・地域に関する学習の場をもつ／発達臨床に関する学習の場をもつ／相談員としての力量を把握する
　　12-5-2 コンサルテーションの反省…206

終章　豊かな子育てと保育をめざして ……………………209

終-1 発達心理学の専門家が「役に立つ」ために ……………209
終-2 発達的視点に立った general な理解と柔軟な支援 ………211
終-3 時代の要請する子育てと保育を共に作りあげる …………212

序章　子どもと保育の現在

　本書は，保育現場で相談活動を行いながら，子どもたちが健全に豊かに発達することを願い，そのような保育を創るべく，保育者の方々とともに取り組んできた試みをコンサルテーションという枠組みを用いながら整理したものです。最初に，本書では，子どもと保育の現状を私たちがどのようにとらえていて，本書のテーマは何であるかについて述べたいと思います。

序-1　子どもの視点から保育を考える

　近年の日本の社会では，就業形態の変化，家族や地域社会の変化，親の生活と意識の変化などに伴い，少子化に代表されるような子育てをめぐる葛藤的な事態が生まれ進行してきました。この事態に対して，親が安心して子どもを産み育てることができる条件を整えることはいまや国民的な課題になっています。保育の場を整備することは，その課題に応えるもっとも重要な施策として位置づけられています。
　現在，保育所の機能がサービスという商業的なニュアンスをもつ用語で定義され，一時保育や長時間保育などのサービスの多様化がすすめられています。その結果，子どもを育てやすい条件が整えられつつあります。これらは親の視点からみた保育の改善です。その意義は小さくないのですが，一方，保育は親の視点から考える前に，まず子どもの視点から考えられるべきです。すなわち，子どもが安心して生活し，自らの発達を十全に実現し，その最善の利益が保障

される場であることが求められます。

　本書のテーマは，保育を支援することですが，その保育とは，子どもの最善の利益が保障される場としての保育です。冒頭にあたり，そのことを確認したいと思います。

　保育とは，子どもを安全に預かるだけでなく，保育者が生活を意図的に一定の流れや構造をもつように配慮してつくる場です。このため，保育者は保育目標をたて，それをカリキュラムとして具体化して子どもに関わります。

　保育は，また，子どもが恒常的なメンバーとして所属する場です。子どもは保育者や他の子どもと継続的に積み重ねる人間関係をもちます。幼いながらも豊かな人間関係を築き，集団のなかでの役割を担います。同時にその物理的な環境や時間的なスケジュール（1日，1週間，1年）にもしだいに熟知し，主体的に活動できるようになっていきます。そのような場において，保育者は職員集団として自治的に協同しながら，子どもの一人ひとりの状態に応じてゆるやかな保育を行います。このようなことの総体があるからこそ，保育が子どもを育てる力をもち子どもが育つのです。

　つまり，保育とは，保育者が生活の秩序と成員間の関係の秩序をつくりながら子どもと関わることによって，子どもの発達を豊かにし，どの子どもも生活の主人公となるように十全な参加を実現しようとする営みの場です。

　かつて日本の社会では，このような機能は，家庭や地域が担っていました。しかし，今日，家庭も地域も大きく変容し，このような機能を失いつつあります。したがって，保育という公共性を有した制度的な場を用意することは子どもにとってきわめて重要になりました。

　このような保育の場が思春期を迎えるまでの年齢の子どもの育ちにはとりわけ必要です。そういう意味で，保育所と幼稚園という就学前の保育の場だけでなく，学童保育も含めて，保育の質を確保し向上するように支援することが重要だと私たちは考えます。本書は，このような子どもと保育の文脈において，「保育を支援する」というテーマに取り組んだものです。

序-2 発達障害児の保育における特別なケア

　本書は，より具体的には発達障害児の保育を支援することがテーマです。この問題は，今日では，たとえば，子どもの権利条約の第23条に即して考えることができます。発達障害児の保育に即して条文の意味をとれば，以下のようになります。

　　発達障害児には特別なケア（保育）への権利があり，そのための援助を拡充し確保することに務めなければならない。その援助は発達障害児の社会的な統合と個人の発達を達成することを目的とすること。それが，発達障害児の尊厳を確保し，自立を促進し，社会への積極的な参加を促す保育である。

　特別なケア（保育）ということばは，しばしば，障害児を差別することばとして誤解されますが，条文にあるように，それは障害児が発達を達成し社会的統合を実現するための権利だということを正しく認識する必要があります。

　わが国の保育の実態をみるとき，このような特別なケアについては，地域や自治体や個別の施設間で無視できない大きな格差があります。比較的条件が整備された施設でもなお十分とはいえませんが，少なくともその程度にはどの施設においても整備されるべきです。そのような条件整備に関する問題は本書のテーマではありませんが，発達障害児には特別な保育のニーズがあり，それにふさわしい特別な支援が必要だというのが本書の基本的な立場です。

　この点に関して，発達障害の専門家の中には障害児の統合保育を危惧する意見や否定的な意見があります。その理由は，わが国の保育においては，特別なケア（保育）を実質的に保障することなく，保育施設が障害児を受け入れるということが未だ多く見られ，このため統合保育が発達障害児の発達を阻害し，かえって社会的な統合をより困難にしてしまうことが見られるからです。

　発達障害児への特別な保育のケアを保障するという趣旨に沿い，発達臨床的な支援の実際と専門性について輪郭を素描することが，本書の主要な中味です。従来，このような子どもの問題に対する心理的な支援は，子どもや親に対する

直接的な支援がほとんどでした。本書ではコンサルテーションという間接的な支援の枠組みを用い，子どもと親，保育者，コンサルタントの3者関係のなかで問題の実態と構造を把握し，保育者を支援することを通して，子どもの発達と統合を実現する可能性を探りました。

序-3　コンサルテーションによる協同

　本書では，保育とは自立した専門家が協同して問題解決にあたるものと考えています。その問題解決の取り組みの中で人と人とのつながりが緊密になることが実現されるという構想に位置づくものとしてコンサルテーションということばを使いました。

　残念ながら，今日の子ども（親）と保育者と専門職種の間には，率直にお互いを信頼することができないという，不幸な関係が進行しています。そのような分断されつつある関係を修復することは私たちの緊急の課題です。また，これからの時代の複雑な要請に応える保育の質を実現することも迫りつつある課題です。それらの課題に応える保育者集団と保育実践を創ることを可能にする道具としてあえて，この馴染みの薄いことばを使いました。

　したがって，コンサルテーションは専門家による便利なサービスだととらえ，保育の一部の専門的な業務を保育者が外部の専門家に外注し，保育を分業するという図式は，本書が意図するものともっとも遠い距離にあるということを，ここで確認しておく必要があります。保育者が子どもの状態を理解することを専門家に委託して，保育の範囲を子どもへの狭いかかわりに限定してしまうことは，人と人とのつながりをさらに深刻に分断し，保育力を低下させることになるからです。

　また，本書の趣旨は，個々の保育施設がそれぞれの裁量で，自由にコンサルテーションサービスを選択して利用するという構想につながるものではないことも確認しておきたいと思います。制度的な問題は本書のテーマではないことはすでに述べましたが，コンサルテーションの必要性がすべての子どもに最善

の利益を保障することに由来するのであれば，国やそれぞれの自治体の責任においてどのような保育施設においても必要に応じてコンサルテーションが受けられるべきだというのが本書の前提です。

序-4　読者の方へ

　実は，コンサルテーションのような相談を行っている発達臨床の専門職はかなり多数います。学会の報告やシンポジウムなどでも，その実践が報告されています。しかしながら，それらの報告を整理して共通の統一的な認識に至るまでのまとまった議論がまだないように感じています。本書は，専門職の間である程度の共通認識を形成しようとする試みでもあります。そういう意味で，本書の読者として考えているのは，そのような職に携わっている方々と，将来，そのような職を希望する学生の方々です。

　本書は，また，保育者の方々にも広く読んでいただけることを願っています。それは第一に本書の事例はコンサルテーションの事例であると同時に，保育者の立場とはちょっと異なる視点から見た保育の事例でもあるからです。実際，事例を原稿にする作業では，これまでの習性から保育実践をまとめる文章になりがちでした。そこから軌道修正して支援の経過をまとめるという本書の趣旨にたちもどることに思いのほかに苦労しました。それというのも，保育者の深刻な悩みやすばらしい保育実践をわかりやすく紹介したいという気持ちが稿をすすめる力だったからです。

　また，私たちを今日まで，育ててくれたのは保育者の方々という気持ちがあります。保育者の方から評価されるならば，それが一番の恩返しではないかと思います。「分裂病に調律された楽器」と自らの来し方を語ったある精神科医のことばを借りるならば，「保育者に調律された楽器」ではないかと私たちは自身をとらえています。楽器として深みのある音色を奏でるまでには，なおいたりませんが，保育者とともに心地よいハーモニーを感じるところまでには来たのではないかと自負しています。いかがでしょうか。

また，行政において保育を担当する職員の方には，これからの保育の方向性を考えるうえで本書を参考にしていただきたいと考えています。保育実践と保育行政の接合を説明することは，私たちには今後に残された難しい課題ですが，コンサルテーションは保育実践を活性化する方略として，きわめて費用対効果の高いものだと考えます。

　さらに，本書は広く子育てと教育を考える素材としても参考にしていただきたいと考えています。平等と個性という教育における高邁な理想は，しばしば現実論の中で矛盾をきたし，そのために保育者も親も自らの教育的な営為を手控え，自由という美名のもとに，子どもを座視放任する状況を作り出します。その結果，形式的な平等と個性という名を冠した差別が出現し，恵まれない子どもの不自由がいっそう進行していきます。そのような閉塞的な状況に対して，子どもと教育に関する専門性が自信を回復し，いかなる貢献が展望できるかを考える一つの構想の中にコンサルテーションという戦略が位置づく可能性があります。そういう視点から，広く教育と子育てに関心のある方々にも読んでいただけることを願っています。

　本書の構成ですが，理論編を1部とし，実践編を2部とし，実務編を3部としました。1部では，発達臨床という専門性を背景に持った，保育を支援するコンサルテーションとはいかなるものであるかということについて骨格を示すことをめざして，学校臨床やわが国の発達保障の歴史などに習いながら，提案的に整理したものになっています。アメリカのスクールサイコロジストによるコンサルテーションの枠組みを参考にしつつ，わが国の保育の土壌に根ざした理論をめざしたという点が特徴だといえます。そのなかに，わが国固有の優れた保育実践の歴史を受け継ぎながらさらに発展させたいという思いをこめたつもりです。

　2部と3部では，コンサルテーションの事例をあげながら，このような相談業務を行う相談員が，実際にどのようなことに配慮して相談すべきかをできるだけ具体的に示したつもりです。今回，保育実践をコンサルテーションによる支援という視点から整理してみて，保育資源の多様さと，その人たちの協力関

係の重要さを再発見させられた思いがしています。

　執筆者は東京発達相談研究会のメンバーです。この研究会はすでに設立から20数年を経て，その間，多くのメンバーが参加した歴史をもっています。会の発足当初から，メンバーは東京近郊のいくつかの自治体での障害児保育の巡回相談などでの相談員や研修の講師，保育者との共同研究などを行ってきています。研究会はいつも相談事例を集団的に検討する場でした。議論は，しばしば，園長の評判や保育課職員の仕事ぶりなどに脱線しました。理論的な志向よりも生活と地域に密着した研究会ですが，その分だけ血の通った支援をすることができたのではないかと，これは手前味噌かもしれませんが自負しています。本書は6人で執筆したものですが，研究会でのメンバーとの討論と共同研究が本書をつくったもう一つの大きな力であったことをふりかえりつつ確認して，ここにメンバーの諸氏に感謝いたします。

第1部　発達臨床コンサルテーションの理論

　　第1部では，本書のテーマに関する中心的なことがらについて理論的に整理します。それは，コンサルテーション，発達臨床，保育に関することです。とりわけコンサルテーションの中核がアセスメントですので，それは別に詳しく述べてあります。

　　それぞれに関する専門的な知見は膨大なものになります。それらをすべて学ぼうとするならば，幾多の高い山々の前に立ちすくんで，どこから登ればいいのか分からずに途方にくれるような気持ちになります。しかし「保育を支援する」という地平に立って，それら膨大な理論の山々を臨んだときに，私たちの視野にはいくつかの理論がつながりを形成し，一つの山脈となって見えてきます。第1部では，その山脈に沿いながら専門的な理論を整理したつもりです。したがってそれぞれの章が独立した別のものではなく，「保育を支援する」という活動を媒介にして相互に調和しながら結びつくものです。

　　まず，コンサルテーションという用語ですが，臨床の場によって，やや異なる意味合いで使われているようです。ここでは，保育を支援するという視点からコンサルテーションを定義してみました。とくに私たちの相談活動の特徴を明確にするには，カウンセリングとの違いは重要だと考え，両者を対比しながらコンサルテーションという用語を使う必然性とその中味を論じました。

　　発達臨床という専門性もまた，臨床の場によって要求されることがかなり異なります。保育という臨床の場（フィールド）に限っても，幅広い発達臨床の支援ニーズがありますが，それに応える支援が制度的に位置づいているものは限られています。そのなかで発達障害児の保育に関する支援ニーズには発達保障理念などにもとづいて，巡回相談などのサービスと制度が整備されていますので，そこに焦点化して発達臨床の専門性を整理しました。

私たちのコンサルテーションでは，その支援の有効性の成否はアセスメントにあると言っていいほどにアセスメントは重要なものです。とりわけ保育という生活の場のなかで子どもや保育の状態をどこまでリアルにアセスメントできるかということが問われます。このことは診断という用語に代わってアセスメントが用いられるようになった動向と密接に関連しています。アセスメントの理念の歴史的な変遷を踏まえながら，保育の場における的確なアセスメントのあり方を整理しました。
　最後に，以上のような専門的な理論にとって，保育という場や制度についての知識は不可欠です。このような知識を欠いた場合，現実から遊離したコンサルテーションになり，発達臨床を保育者に押し付けるようなことになってしまいます。本書で想定するようなコンサルテーションに従事する相談員は，少なくとも保育に関する基礎的な知識をもつことが必要と考え，それを整理して示しました。

1 保育におけるコンサルテーションとは何か

1-1 なぜコンサルテーションという用語を用いるか

　わが国の保育の場では，コンサルテーションはまだ聞きなれないことばです。むしろ保育カウンセリングということばの方が良く使われてきました。しかし私たちは本書で，あえてコンサルテーションという用語を使いました[1]。それは，私たちがこれまで取り組んできた保育を支援する相談活動は，コンサルテーションという用語によってそのあり方を明確にすることができると考えるからです。そこで，保育を支援する私たちの相談活動にはどういう特徴があるのか，カウンセリングと対比しながら整理してみます。

　カウンセリングでは，心の専門家としてカウンセラーの専門性は重視しますが，相談者の専門性をかならずしも想定しません。相談者は援助を求める人であり，ときには相談者がカウンセラーに依存する関係になることもあります。これに対して，私たちは，保育者は保育の専門家であるということを尊重し重視します。

　カウンセリングにおいては，相談者は心の悩みを抱え，それをカウンセラーに話すことによって悩みが解決されると考えます。相談者は心理的に不適応な状態にあることが前提であり，自らを助けてもらうために支援を求めていると考えるのが一般的です。そして，相談者の心の状態に注目し，そこを主たる支援の対象とする傾向があります。これに対して，私たちの相談では，相談者（保育者）は困難な事態の解決に積極的に取り組んでいることを前提にします。

したがって相談者は健康な心理的状態にあることを前提にします。そして相談者の悩みの対象や内容の方に注目し，相談者（保育者）が保育上の困難を解決し，保育を改善することを支援します。

ロジャーズ派に代表されるように，わが国ではカウンセラーは相談者に共感し，相談者を受容することを重視します。これに対して，私たちは，科学的で合理的な根拠に基づいて，相談者の状態などに関してアセスメントを行うことを相談のもっとも重要な作業として重視します。

相談者はさまざまな人と関係をもちながら，なんらかの集団や組織のなかで生きています。しかしカウンセリングでは相談者が自分の心のなかで行う作業によって問題が解決されると考えて，相談者が生活する現実の人間関係や組織に働きかけることをあまり重視しない傾向があります。相談者は来談者と呼ばれ，相談室のなかのカウンセラーと話をする作業が中心になり，現実の人間関係や組織に直接アプローチしません。これに対して，私たちは相談者が生活する場面に出かけていきます。保育者が所属し役割を分担する職員集団の状況を考慮しながら問題の解決をめざします。したがって，職員集団とのカンファレンスを行うことは重要な支援の方法です。その地域や自治体の保育者集団に対する研修や関係機関のネットワーク作りなども重要な支援として位置付けます。

1-2　保育におけるコンサルテーション

この章では，保育者や保育への支援としてコンサルテーションはいかにあるべきかについて基本的な枠組みを描きます。

1-2-1　保育コンサルテーションを定義する

コンサルテーションには，さまざまな定義があります。学校臨床では，コンサルテーションは「専門家（コンサルタント）が他の専門家（コンサルティ）の機能を改善しようとするとき，その専門家同士の関係」を意味するという見解が広く受け入れられています。コンサルティの機能とは，教師が生徒を教授・

指導することになります。したがって，この見解は，心理の専門家であるコンサルタントと，教師であるコンサルティ，そして，教師から指導を受けるクライエントである生徒という3者の関係を含意しています。

通常，カウンセリングというのはカウンセラーとクライエントの2者関係で，その支援はクライエントに対して直接的な点が，コンサルテーションとは異なる支援の形態です。

コンサルテーションについても，コンサルティの依頼を受けて，コンサルタントが直接クライエントを支援するという考え方があります。しかし，クライエント（子ども）への間接的な支援形態としてのコンサルテーションが今日，学校臨床で有効な支援だと考えられる第一の理由は，コンサルタントが，子どもを直接に支援する場合には，少数の子どもの支援しかできませんが，教師の機能を改善することができれば，結果的に多数の子どもの適応を改善することができるからです。第二の理由は，心理臨床の専門家が直接的に子どもに関わる場合，子ども個人の問題への治療的な対応になりがちであり，それは学校での子どもへの支援という点では有効ではないということがしだいに明らかになったからです。

学校臨床にならいながら，保育に即して，両者を対比的に示すと以下のような関係になります。本書では，保育におけるコンサルテーションを，子どもに対する間接的な支援と考えることが，有効な支援を構想するには適切な考え方だとして論をすすめます。

直接的な支援
コンサルティ（保育者）→依頼→コンサルタント（相談員）→処遇→クライエント（子ども）

間接的な支援
コンサルタント（相談員）←依頼←コンサルティ（保育者）→処遇→クライエント（子ども）
コンサルタント（相談員）→コンサルテーション→コンサルティ（保育者）

1-2-2 コンサルタントとコンサルティの関係

　コンサルタントとコンサルティは，対等で自由な協同的な関係であるという考え方が広く受け入れられています。このことが強調されるのは，専門家による心理的な支援としてのスーパービジョンとの違いを明確にすることにあります。

　スーパービジョンでは，スーパーバイザーはスーパーバイジーと同じ専門性をもつ上級者です。両者は階層的で義務的な関係にあり，前者から後者への支援は強制力を含んでいます。たとえば，園長が新任の保育者を指導する場合などがそれにあたります。これに対して，コンサルテーションでは，コンサルタントはコンサルティと異なる領域の専門性をもっています。コンサルティがコンサルタントの支援を受け入れるかどうかは自由であると考えます。

　しかし，コンサルタントとコンサルティが取り組む問題解決が実際に協同的であるかどうかについては論争があります(2)。コンサルテーションの過程を分析した研究では，共同している場面がある一方で，コンサルタントが一方的に指導している場面が多いという結果が報告されています。本書の第2部のコンサルテーション事例を見ると，私たちのコンサルテーションにおいても，保育者に助言している場面を部分的にみれば，一方的に指導しているようにみえます。しかし実際にどのような保育を行うかは，相談員の助言などを参考にしながら保育者が決定しています。したがって，全体としては，相談員と保育者はお互いの役割と専門性を尊重しながら協同して保育の問題の解決や改善に取り組んでいると考えてよいと思います。

　特殊な事情で，専門的な技法や対応が必要な場合には，相談員が一方的に指導することがありえます。たとえば，障害が重く，通常の保育では常同行動や自傷行為に没頭するような場合には，身体をゆすったり，原初的な感覚刺激を与えて外界との関わりをもてるような取り組みが必要になります。あるいは，てんかん発作がある場合には，体温の変動や疲労に配慮して外出や夏のプールなどには細心の配慮が必要になる場合があります。このような場合は，相談員はかなり強制力を伴うような指導的な助言を行います。ただ，その場合でも，

実際の保育において他の子どもにとっても違和感がなく，子どもの生活の流れや保育の流れに合う遊びを導入したりして工夫するのは保育者です。体調を崩さないように保育を配慮し，その子どもの体調の変化をよみとる工夫をするのも保育者です。その意味では，特殊な事情がある場合でも，相談員の助言をもとに保育者が具体的な保育の手立てを考えて実行しているという意味では共同しながら問題を解決しています。

むしろ保育者が相談員に依存的になることに注意すべきです。たとえば，子どもの手指の発達を促す遊具や，感覚統合的な遊びのような具体的なHOW－TOを助言することを保育者が期待し，そのまま保育に導入しようとするような場合です。機械的にHOW－TOを保育に導入することは，子どもの発達や保育にとって好ましくない影響が生じやすいものです。あくまで，相談員のアセスメントや助言を土台にして，保育者が園や子どもの状況に即して最善の保育を創りだすという過程を重視すべきです。

以上の諸点をふまえるならば，保育を支援する発達臨床コンサルテーションとは，「発達臨床の専門家と保育の専門家の対等で自由な協同的な問題解決であり，その目的は，保育者の保育機能を改善することによって，子どもの状態を改善することにある」ということができます。

1-2-3　コンサルテーションの目的と過程

何が実現できたときに成功し有効なのかという視点からみれば，コンサルテーションには二つの異なる目的があります。一つは，その時点での保育の問題が解決されることが目的になります。これは，問題解決的コンサルテーションと呼ばれます。もう一つは，コンサルティが同様な問題に将来直面したときに，解決する能力を高めることが目的になります。これは予防的コンサルテーションと呼ばれますが，研修的なコンサルテーションも，その中に含まれます。

問題解決的コンサルテーションでは，一般的には問題の解決にいたるまでにいくつかの段階をたどります。

最初はアセスメントの段階です。保育の状況と子どもの発達や行動の状態を

多面的に精密に調べ，問題が何であるかを明らかにし，その原因や改善の方策について仮説を立てて今後の保育への提案を行います。また，園の組織・人材・環境や家庭の状況などの利用できる資源についても調査します。

相談員は保育者にアセスメントの結果を伝え，助言を提示したうえで，保育者が実際にその助言の中から現実的な案を選択して実行できるように話し合いをもちます。この段階での相談員の役割は，適切なアセスメントを行い，有用な助言を行うことにあります。このとき注意しなければいけないことは，保育者からの主訴には語られなくても，その背後に本当に解決すべき問題が隠されている場合があることです。子どもが多動であるという主訴の背後に，保育場面の転換の仕方や保育者のことばかけに問題があることがあります。また，子どもの発達にとって好ましくない保育の状況にあっても，子どもの行動が目立たないときには保育者は悩みを訴えないことがあります。しかし，そういう点も見逃さずに，問題を提起しながら適切な助言を行うことが重要です。

次は，介入の段階です。保育の日課を見直す，保育者の子どもへの関わりを見直す，子どもにふさわしい遊びや活動を導入する，園の環境を見直す，職員の体制を見直し職員間の連携をとる，保護者との関係をつくるなど，さまざまな改善や導入が行われることになります。どのような介入を行うにしても保育者が自ら介入を行う意義を認めて自発的に行うことが重要です。そのためには，保育者の能力や適性に合った介入であることや，その園・学童保育所やクラスなどの実態に即した介入であることが求められます。相談員と保育者がよく協議しながら実行可能な介入の計画を立てることが重要です。

最後は，評価の段階です。一定の介入期間の後に，アセスメントは適切だったか，介入は妥当で有効だったかということについて分析し，保育をどのように支援できたか（あるいはできなかったか）を評価します。定期的なコンサルテーションであれば，このような評価を積み重ねることによって，より有効なコンサルテーションを行うことが可能になり，その結果，保育が改善されていきます。また，一回だけのコンサルテーションの場合には，十分な評価を行うことは困難ですが，特に問題が大きい相談例や典型的な相談例などでは，その後

の保育の状況を聞き取るなどして，意識的に評価を行いながら相談員としての資質を高めることに務めます。

　予防的なコンサルテーションは，保育者がより有能な保育者として成長することを支援することが目的です。コンサルテーションをとおして，保育者が，①子どもや保育についての幅広く客観的な見方を身につける，②保育の上での問題を解決するスキルを獲得する，③困難な状況での対処する仕方を獲得する，④さまざまな保育の手段を獲得し選択肢をもつ，⑤利用できる保育資源を増やす，ことなどを支援します。

　実際には，問題解決にあたりながら予防的な視点も配慮しながらコンサルテーションを行いますし，問題解決的なコンサルテーションは結果的に予防的なコンサルテーションとしての効果を生み出すのが一般的です。

1-3　保育への支援

　さて，実際のコンサルテーションでは，保育者からどんな支援が期待されて，また，どんな支援ができるのでしょうか。子どもの年齢や発達や障害の状況や，園の状況，相談時期などの種々の条件によって期待されることも実現できることも異なります。多様な保育への支援を，相談員としての筆者のこれまでの経験をもとに，おおまかに分類してみます。

　この分類はあくまでも経験的なものですが，その基準は次のような考えに基づいています。ともすると保育とは，保育者が子どもにはたらきかけることとして考えられますが，保育を支援しようとしたときに，保育者が多様な対象と関係をもちながら保育していることが見えてきます。そこで，支援の直接の対象である保育者を中心に考えてみると，保育のさまざまな問題は，保育者が何との関係で悩んだり行き詰まっているかという視点から整理することができます。

　保育者はまず，子どもと関係をもちながら保育しています。それだけでなく，他の保育者・職員，保護者，専門機関，行政などとも，必要に応じて関係を持

ちながら保育しています。それらの関係に問題があるときに保育者は支援を求めます。このような視点から，コンサルテーションによる保育への支援を整理すると，以下のように大別することができます。

　a　保育実践への支援　　子どもの育ちを促すこと，子どもの問題行動に対処することなど，保育者が子どもをいかに保育するかについて支援します。

　b　保育者間の組織化への支援　　担任保育者間で役割を分担することや，他クラスの保育者との協力体制をつくるなど，職員間の協力関係をつくり，職員集団の組織化を支援します。

　c　保育者と保護者の協力への支援　　保育者が保護者との関係に困難を感じ，協力関係を形成するための援助を求める場合には，相談員は両者の関係の形成や改善への支援を行います。

　d　保育者と専門機関との連携への支援　　保育者が療育機関，各種相談機関等と連携して保育を行う必要がある場合，相談員は状況に応じて適切な専門機関を紹介するなど，連携を支援します。

　e　行政への要求への支援　　園の人的配置，施設の改善，園と保護者との関係の改善が必要で，それらが行政の所管業務に関わる場合，行政に対して改善要求を行うなどの保育者・園を支援します。

　このうち，「保育実践への支援」や「保育者と保護者の協力への支援」は，保育者からの相談主訴として，よく見られるものです。しかし，実際の問題を解決するためには，組織化，連携，要求への支援を行う必要がある場合が少なくありません。そういう意味では，これらは相談の隠れた主訴であり，相談員の方から積極的に取り上げる必要があります。

　一方，一般的には相談時の主訴としては現れにくく，コンサルテーションの目的のなかに最初から位置づくことがないのですが，結果的に保育を支援することになるという意味で重要な支援があります。これらは，保育者自身に関する問題への支援といえるものです。

　f　保育者の力量形成への支援　　発達や障害に関する知識や見方を伝えることで，保育者の力量が形成されることを支援します。

g　保育者の心理的安定への支援　　保育の成果を確認し，適切な目的を提示することなどで，保育者がかかえるストレスが低下するなど，心理的な負担感が軽減すると同時により意欲的に保育に取り組むことができるような支援を行います。

　本書の第2部では，コンサルテーションの実際例が紹介されますが，それぞれにおいてどのような支援が行われたか，この分類を大まかな目安として記述します。

1-4　コンサルテーションにおける専門性

　子どもに対する直接的なサービスを行う心理治療やカウンセリングでは，その専門性は，さまざまな困難をかかえた子どもと良好な関係をつくって，その子どもに好ましい変化をうみだす能力にあります。

　しかし，コンサルテーションにおいては，大人である保育者とラポールをつくり，保育者の専門的成長を促すスキルを有していることが求められます。保育者と関係を築き，円滑にコミュニケーションし，保育者の専門的な力量の形成を支援することが相談員の専門性になります。ただし，保育者の専門的な力量は必ずしも個人的な能力というよりは，保育者が社会的な関係の中に位置づくことで発揮できるという側面があります。たとえば，職員集団と協調し，地域のさまざまな子育て機関などとつながりをもち，社会的な資源を有効に利用できることなどです。したがって相談員は，保育者を職員集団などのなかで理解し，組織としての園や地域の関連機関などについても理解することが求められます。

　もう一つの重要な専門性は，コンサルテーションの内容ないしは，特定の問題についての知識や技術です。これは，相談員がどのような学問としての専門性を背景にコンサルテーションをするかということに関わります。本書では発達臨床の専門性を想定していますが，これに関しては，次の章であらためて述べます。

1-5　相談員に求められる専門的中立性

　保育者は困難に出会うとき，日常的には，先輩保育者や園長・館長・主任など，職場の同僚や管理職に相談し助言をうけています。保育者間の助言は同じ専門性に基づいています。とくに管理職からの助言はスーパービジョンのような一種の強制力を伴います。これに対して，専門的なコンサルテーションは，アセスメントを行うことや，保育者とは異なる専門性をもとに助言するなどの点でそれらとは異なります。これに加えて，相談員は保育の当事者ではないということが重要です。

　園長や館長が保育者に助言するときには，良い意味でも悪い意味でも，無意識のうちに園や館全体のさまざまな状況を考慮します。その状況の許容できる範囲で解決策を探ろうとします。そのために，保育を大胆に変えるという発想は持ちにくいものです。結果的に現状を見ながら時間が経過していくということになりがちです。極端な場合には，園長や館長が園や館の都合を優先して，子どものことを親身に考えないという不満や不信を保育者はもつことがあります。

　相談員は，相談事例の保育に関しては利害関係がないという意味では当事者ではありません。局外者であることによって，原点に立って，子どもの最善の利益を考えた理想論を提示することができます。その園の現状では実現できないけれども，本来はこうあるべきだということを関係者が考える機会をもつことは，関係者が協力関係を築く上で重要なことです。

1-6　コンサルテーションにおける参入の問題

　相談員と保育者との関係は契約関係です。両者がどのような役割を担い，どのような義務を負い，何を目的としてどのように協同するかなどについて明確にして合意する作業を行うことが必要です。保育者が相談員を信頼し，両者に誤解がない状態をつくった上でコンサルテーションを行うべきです。

一人の保育者が自分のクラスの状態についてコンサルテーションを受けたいと希望しても，その保育者の依頼を受けて，相談員がそのクラスのコンサルテーションを行うことは通常はありません。一般的には，園長を含めて園内での合意の上でコンサルテーションが導入されます。また，公立の園や学童保育所であれば，行政の所管する部署の許可が必要です。特定の子どもの保育に関することであれば，その保護者の承諾が必要になります。このように，契約は保育者が所属する組織との関係で結ばれるのが一般的です。

　さまざまな園や学童保育所に相談員の側からコンサルテーションを申し出ても受け入れられるとは限りません。(3) どのようなコンサルテーションであれば，園や学童保育所に参入できるでしょうか。まず，最大の要因は有効性です。コンサルテーションは保育者にも多くの時間や労力を要求しますから，それに見合った効果が期待されなければ依頼されることはありません。もう一つの重要な要因は弊害がないということです。相談員が倫理的な違反を犯すなど子どもや保育者に有害な影響を与えないということが保障されなければいけません。この二つは相談員の信頼性の問題です。

　参入にあたっては，①コンサルテーションの目的を相互に確認すること，②相談員とコンサルティの役割と責任を明確にすること，③コンサルテーションの期間とスケジュールを提示すること，④クライエントについての情報の利用と守秘に関する規定を明確にすること，などの作業を行うことが求められます。

1-7　コンサルテーションにおける倫理的問題

　コンサルテーションを受ける直接の当事者は，コンサルティ（保育者）とクライエント（子ども）です。この人たちの権利を侵害し，不利益を与えるような行為をすることは厳に慎まなければなりません。とりわけクライエントは子どもであり弱い立場にあります。子どもの最善の利益が守られることは，コンサルテーションの基本的な前提です。

　コンサルテーションにおいて相談員が得た情報は，広く公開され利用される

第 1 部　発達臨床コンサルテーションの理論

ことによって保育の質を高めることにつながります。コンサルテーションの成果を公表することは保育を土台から広く支える支援となる可能性があります。しかし，その際に保育者と子どもに関する個人情報は，十分に注意深く扱われなければいけません。⁽⁴⁾

　個人情報の利用は，一次利用と二次利用に分けることができます。一次利用とは，子どもや保育者の直接的な利益に関わる利用です。具体的には，保育の方法や内容の作成に利用することや，保育者を加配するなどの措置の参考資料にすること，保育者の研修計画の資料にするなどです。二次利用は，一つは，子どもや保育者以外の特定の個人や団体の利益のために用いられるものです。具体的には，他の職員の労働条件や他の子どもの保育のための資料とすることなどです。もう一つは，公共の利益のために利用されることです。具体的には学術研究，教育などの資料に用いられることなどです。⁽⁵⁾

　原則的には，子どもと保育者は①自己の情報がどのように利用されるかを決定することができること，②その開示を請求できること，③その誤りを訂正できることが権利として守られることが重要です。とりわけ二次利用においては，不特定多数の人に個人情報が伝わるので，十分すぎる配慮が必要です。また子どもに関する情報に関しては，保護者が決定権を代理して行使すると考えるのが一般的です。

　(1)　わが国の保育臨床では，コンサルテーションという視点からの論考は少ないのですが，学校臨床では，最近，コンサルテーションの重要性を指摘する実践や研究がいくつかみられます（たとえば，石隈利紀『学校心理学』（誠信書房，1999年）はもっとも包括的に学校臨床におけるコンサルテーションの問題を論じています）。しかし未だ，定着する以前の提案を行なっている段階であり，研究の蓄積も限られています。一方，アメリカの学校臨床においては，コンサルテーションはもっとも重要な心理的なアプローチであるとみなされ，豊富な研究の蓄積があります（アメリカの学校臨床で心理学的なサービスのなかでコンサルテーションが重要だという認識が高まる要因となったのは，障害児のインクルージョンの動向にあるといわれています。障害児が通常学級に戻ったとき，まだ，学業，行動上の問題があり，通常学級の教師は援助を必要とし，そ

こにコンサルテーションサービスが必要だと考えられています (Gutkin, T. B. and Curtis, M. J. 1999 School-based consultation theory and practice : The art and science of indirect service delivery, Reynolds, C. R. (Ed.) ; Gutkin, T. B. (Ed.) *The handbook of school psychology* (3rd ed.) John Wiley and Sons, Inc. NY)。
(2) Gutkin, T. B. 1999 Collaborative versus directive/prescriptive/expert school-based consultation : Reviewing and resolving a false dichotomy *Journal-of-School-Psychology*. 1999 Vol 37 (2): 160-190.
(3) Marks, E. S. 1995 *Entry strategies for school consultation*. The Guilford Press. NY.
(4) 情報がどのように、誰に、何の目的で使用されるかは、サービス支給の最初に話し合われるべきであり、クライエントの秘密は基本的に守るが、破るのが適切である唯一の場合は、コンサルティの行動がクライエントに有害ないしは有害な可能性のあるときであるという (Jacob, T. S. and Hartshorne, T. S. 1998 *Ethics and law for school psychologists* (3rd ed.). John Wiley and Sons, NY)。

　日本発達心理学会監修『心理学・倫理ガイドブック』(有斐閣、2000年) は臨床における倫理的問題を簡潔に整理しています。
(5) 個人情報の取り扱いに関する記述は、1997年の医療情報学会におけるシンポジウム報告を参考にしました。

2　保育における発達臨床の専門性

2-1　保育と発達臨床との関係

　本書では，相談員は，発達臨床の専門性を背景にして子どもや保育の状況をとらえてコンサルテーションすることを想定しています。その結果，保育の問題が解決されたり，保育が改善されます。この章では，そのように保育に活きる発達臨床の専門性とはどういうものであるかについて述べます。

　そこで，まず保育と発達臨床はどのような関係にあるかについて整理してみます。

　発達に関する専門性をもった相談員が保育に関わるときに，関係者はいくつかの前提を共有していると考えられます。それは一種の原則とでもいうべきものです。日頃，あまり自覚的に考えることはないので，ここでは以下にその原則を明文化してみます。

　　原則1　子どもにはだれもが発達する可能性と権利がある。
　　原則2　保育者は子どもの発達が実現する状態をつくることに取り組むとともに，子どもの発達する権利を侵害・阻害するような状態を改善することに取り組まなければならない。
　　原則3　適切で科学的な方法で，子どもの発達の状態を評価することができる。
　　原則4　保育には，子どもの発達を十全に実現できる状態から，発達を著しく阻害する状態まであり，適切で科学的な方法で保育の状態を評価する

ことができる。

　原則1は，基本的な子ども観です。歴史的にみれば，このような子ども観は，近年になって生まれてきたものです。とりわけ，平等の権利が，発達という視点から実質的に規定されるためには，たとえば，重い障害をもった子どもの発達を記述することを可能にした発達心理学などの出現が必要でした。

　原則2は，原則1から派生するものです。原則1で規定する権利は，それが実現され，侵害されない社会をつくることを要請します。それを職業的な役割において規定したものが原則2です。保育者は，このような職業的役割を担う，第一次的な職業です。コンサルタントは，保育者が職業的役割を遂行することを援助するという意味で，第二次的な職業です。保育者とコンサルタントの間には，このような関係があります。

　原則3は，発達という概念に関する専門的な合意です。本書では，子どもの発達の状態は評価可能であるという前提に立ちます。しかも，科学的な方法によって適切に評価できると考えます。ただし，現在，子どもの発達の状態に関して十分適切で満足できる評価方法が存在するということを意味しているわけではありません。なお不十分ではあっても，それを使用することがかなりの程度に適切であると見なされる合理的な評価方法があり，それは発達臨床の専門性として位置付くものだと考えます。

　原則4は，保育に関する専門的な合意です。本書では，保育の状態についても評価可能であるという前提に立ちます。子どもの発達を実現するという基準に照らして，保育の状態を評価する専門性もまた，発達臨床の専門性に含まれると考えます。

　保育者が発達臨床の専門性をもつ相談員にコンサルテーションを依頼するということは，関係者が，上の四つの原則を認めていると考えます。

　したがって，保育を支援する発達臨床の専門性とは，「子どもは発達する権利と可能性をもち，保育者はその実現を担う職業的な役割をもつという前提に立ち，子どもの状態と保育の状態を，適切な科学的な方法で評価することである」ということになります。相談員はこのような専門性に基づいて，子どもの

発達が実現する保育が行われているか常に考え，実現にむけて働きかける役割を担います。

2-2 子どもの発達と保育の状態を適切に評価する

　この節では，評価するときの考え方についておおまかに整理します。それは，二つの方向からなる往復的な作業の積み重ねによって，より適切な評価が実現するということを以下に示します。

　一つの方向は，その状態を分類基準のどこかに位置づけることによって評価する作業です。もう一つは，いったん位置づけた評価と，実際の子どもや保育の状態の違いに注目し，特定の子ども，特定の保育の固有な状態に迫る作業です。この作業を積み重ねることで客観的かつ個別的な評価に基づいた，豊かな理解にいたることができます。発達障害児の保育へのコンサルテーションを例にあげながら，この作業を見てみましょう。

2-2-1　カテゴリーに基づいた評価

　子どもをどう保育するかは基本的には一人ひとりの子どもに応じて最適なものを探索しながら作り上げるという創造的な作業です。固定的でパターン化したイメージにたよって保育することは好ましいことではありません。しかし，たとえば4歳児を担任したときに，保育者は最初に4歳児の標準的なイメージをもって子どもと関わります。3歳児とも5歳児とも異なる4歳児の姿について保育者は豊かなイメージを持っています[(1)]。

　保育者には年齢をもとにした子どものイメージがあるので，子どもが大声で泣くときに，何歳であるかによって泣くことの意味を異なって解釈し，違うなだめ方をします。実際に保育がはじまり，子どもと関わると，そのイメージに合致する子どももいれば，合わない子どももいます。4歳児と思って接したが，3歳児の対応が必要になることがあります。そういうことを確認しつつしだいに一人ひとりの子どもにあわせたイメージをつくり，一人ひとりに適切な保育

をつくっていきます。

　このように保育の最初の第一歩には，おおまかな子どもについてのイメージが必要です。とりわけ，発達障害児の場合，その子どもがどういうカテゴリーに属するかを明らかにすることは，子どもに応じた保育を創るうえでの第一段階の作業を効率的に行ううえできわめて重要なことです。保育者は発達障害児に関してのイメージを持っていないことが一般的ですから，まず，その時点から発達臨床的な支援が必要です。

　カテゴリーとして年齢だけでなく，発達障害児の場合には発達障害の診断・分類が重要です。次に，発達の水準や特徴があります。これらの分類や水準について専門的な技能を持つことは，発達臨床的に保育を支援する上で必須のものです。

2-2-2　障害をみる専門性　　発達障害の診断と分類

　近年，保育の場でも，広汎性発達障害や注意欠陥多動障害などのことばがよく話題になります。これらは発達障害の一例です。発達障害ということばは，比較的最近用いられるようになったことばです。アメリカ精神医学会や世界保健機関が精神的な障害について詳細な分類のマニュアルをつくるなかで一般に浸透してきた概念です。今では，DSM-IVやICD-10と呼ばれるこれらの分類基準について概略を知ることなく診断や分類を行うことはできません。[2]

　これらの診断と分類基準は今後さらに改定されていきますが，現在のところ，子どもが示す精神的な発達の障害について，多数の専門家が合意した科学的で妥当な分類です。したがって，発達障害の臨床はこのような研究の成果を十分考慮して行われるべきです。

　もちろん，診断が単なるラベルをはることで終わることは保育に有害なことがあります。重要なことは，発達障害の臨床において，この知見を保育の場に適切に導入して保育者を支援し保育の質を高める方向で活用することです。

　発達障害に関する知見が集約され共通した認識が形成されつつありますが，そのことは，保育において以下のような示唆を与えます。

① 多くの発達障害は中枢神経系の障害や未熟に起因することが想定されています。中枢神経系の問題に応じて認知，言語，運動などの一部の特異的な障害から，広汎な障害まであり，それらの特徴をふまえた保育が必要です。ところが，その行動特徴は保育者の常識的な解釈の範囲を超えていることが一般的です。このためしばしば発達障害児の行動は保育者に誤解されます。誤解に基づいた保育は，たとえ熱心で愛情あるものであっても問題行動を肥大させかねません。保育者の熱意を適切な保育に方向づけるうえでまず，カテゴリーを明らかにしたうえでの保育が重要です。
② 多くの発達障害は，保育を受ける年齢の頃に初めて診断を受け，その後，慢性の経過をたどります。つまり発達障害は一生にわたってその障害を背負うので，人生の長期的な経過のなかで考えることが必要です。短期間で完治を期待する保育，とりわけ過度に訓練的な保育などは，かえって発達障害児に二次的な問題を生じるなどの弊害を招きます。
③ 多くの発達障害は中枢神経系の障害が想定されていますが，医学的な治療によって完治するものではありません。養育が一次的な原因ではないのですが，養育・保育によってかなり発達の経過が変わります。とくに早期の養育の役割は重要だと考えられています。したがって，適切な保育を受けることができるかどうかは発達障害児のその後の経過に重要な影響を与えます。

発達障害に関する診断が下されれば，その子どもがおおむね保育の場でどのような困難をかかえる傾向があり，どのような保育を行うことが問題の予防や解決に有効であるかということについて最初の第一歩を知ることができます。[3]

2-2-3 発達の水準と特徴をとらえる専門性

子ども一人ひとりの発達の水準と特徴に応じて保育されるべきだというのは広く受け入れられている考え方です。発達障害児も自分の発達にふさわしい課題を与えられることによって，発達の可能性が実現されます。しかしながら，発達障害児が保育場面で，自分が理解できない難しいことばかけや課題を与え

られていることはごく普通に見られます。反対に，発達水準に比べて，はるかに幼い子どもと見られて，保育者が過剰に介助していることも珍しいことではありません。しかも保育者はそのことに気付かないということも一般的に見られます。[4]

　子どもの発達の水準と特徴をみることは，本来，保育者の専門性の一部です。しかし保育のなかでの発達障害児の発達を把握することは実際には困難なことです。このため保育者からの相談のもっとも多い主訴は，「子どもの発達の状態を知りたい」というものです。

　もちろん，このことは，発達臨床の専門家は保育者よりも子どもの発達の水準や特徴を正しく把握することができることを単純に意味しているのではありません。たとえば，以下の文章は優れた保育者が３歳児の特徴を記したものです。[5]

　　　３歳児は，ものごとの受けとめ方が非常に直観的で鋭いところがあり，感じたこと，思ったことをパッと表現したりします。生後３年間の育ちのなかで獲得したあらゆる力を駆使して，何でも触ったりいじりまわしたり，真似たりと，どんどん周囲のものに挑んでいくのです。
　　　場面意識がまだ，発達していないために，ためらいなく自分をさらけ出していくこともとても魅力的です。あまりあれこれと意識しないで，傍らにいる友だちと自然にうちとけ連なっていってしまうことが多く見られます。
　　　しかし，一方では，生活のなかで何か一つのことにこだわると，なかなかそれをふっきれなかったり，方向転換できずに固執してしまうようなこともみられます。新しい経験にひどくためらいを示し拒否をすることも間々ありますが，自分のなかではそのことに逡巡しているのでしょうか，ある時ふっと幼いなりの決断をするかのように乗りこえているのです。

　３歳児の子どもの心のありようが，きめ細かな保育の関わりとともに描かれています。保育者は３歳児の発達の特徴をこのように豊かに把握し理解しています。しかし，この文章に見られる子ども理解の豊かさは，この保育者独特のことばで表現されています。したがって，必ずしも他の保育者に正確に伝わるものではありません。発達臨床の専門家に求められるのは，ある程度どの保育者にも理解できることばで発達を記述することです。

また子どもの発達にどのような問題があり，それがどの程度であるかを判断することを保育者は自然にできるわけではありません。子どもがよく理解でき楽しめる保育をつくり，その子どもの反応をみるという，日常の保育よりもいっそう意図的な保育を試してみることがないと分かりません。なぜなら，子どもからの手応えがあってはじめて子どもの発達が見えてくるからです。しかし，その子どもにふさわしい保育の特別な関わりをするまでには時間が必要です。このため保育者は，発達障害児については発達が見えないという気持ちを持ったまま保育することになります。

　一方，相談員は限られた短い時間のなかで発達の水準と特徴を把握します。それは先の保育者の文章のようには豊かではありません。むしろ，そのような豊かな発達の理解への第一歩となるものです。相談員に求められるのは，まずは第一歩となるべき客観的な発達の水準と特徴の把握です。

　発達検査や保育場面の観察や日常の様子に関する聞き取りなどを総合して，子どもがどのような力を獲得していて，どのような未熟さをかかえ，それは，何に起因し，どういう発達の援助が必要であるかということを，科学的に明らかにしそれを保育に即して保育者に分かりやすく提示することは相談員に求められる重要な専門性です。

　発達の水準についての理解は，それをもとに子どもにふさわしい保育課題を見いだすことにつながるものであるべきです。その前提として，まずは，発達の里程標に即して一般的な発達のすじみちについてのカテゴリーに準拠した理解が求められます。[6]

2-2-4　行動を状況に即して分析する専門性

　子どもの行動は，その子どもの障害と発達によってかなり方向付けられます。したがって，これまでに述べたように，子どもの特徴をいったんカテゴリーに即して理解し，行動を解釈し予測することがある程度可能です。一方で，当然ですが子どもの行動は多様な状況の影響を受けます。その多様な状況の要因を考慮して，子どもの行動について説明力の高い解釈を行うことが求められます。[7]

そのときに、どんなことが重要かについて概観しながら専門性を考えてみます。

　適切な解釈にいたるには、時間的に、空間的に、人間関係的にも幅広い視野をもって、子どもと保育者を取り囲んでいる状況を考慮することが求められます。一般的には行動は、時間的にはその直前に生じたこと、空間的には身近な周囲で生じたこと、人間関係的には親しい関係の人の影響を受けた結果として解釈することが出発点になります。それでは説明が困難な場合には、少しずつ、範囲を広げて解釈することになります。

　時間的には、子どもの行動は、通常、その直前に生じた事象の影響を強く受けます。直前に生じた事象からの影響については、保育場面や発達検査場面の行動を注意深く観察し、その観察記録をとるなどの意識的な工夫をすることによってかなりの程度、整理することができます。とりわけ、相談の主訴となる行動については、その行動に時間的に近接し、その行動に直接影響を与える要因が存在するかどうかを見極めることが必要不可欠な作業になります。そのような注意深い観察記録のなかには、保育者が見落としてしまいがちな子どものちょっとした行動が記されます。その結果、意外な要因が子どもの行動に影響を与えていることが明らかになり、保育者の固定的な視点を柔軟にすることにつながります。

　ただし、先行する事象がどのように行動に影響を与えるかは、必ずしも行動を外面的に理解するだけでは分かりません。その事象を子どもがどのように認知しているかに強く依存するからです。極端な場合には、他の子どもが援助しようとして差し出した手を、子どもは恐怖と感じます。行動がどのように解釈されるかはしばしば行動した人の意図とかなり食い違います。したがって、子どもの認知の傾向について仮説をつくり、その仮説が妥当かを検証し修正する作業を進行させながら行動の意味を理解します。

　また、子どもに注意や理解力の未熟さがある場合、保育者が指示することばを断片的にしか理解できずに行動することが普通です。その結果、落ち着きない行動をすることがあり、それがしばしば子どもの性格によるものと解釈されることがあります。しかし、子どもが理解できる状況では落ち着いていること

にも冷静に着目しそれを観察記録によって示すことで，落ち着かない性格だという理解は修正されます。それとは逆に，子どもが状況的な手がかりや他の子どもの動きにつられて動いて，それが結果的に保育者の指示に合う行動となり，保育者は，子どもはよくことばを理解していると誤解することもあります。

このように保育場面の子どもの行動に関して，関連する事象との関係を検討して，一つの行動についてそれを説明する解釈を多様に生み出せる力が，発達臨床の専門性として求められます。

それでは，どのようにして多様な解釈が生み出されるのでしょうか。そこには二つの異なる方向の作業があります。

一つは，いったん，できるだけ先入観を排して，時間軸にそって観察された行動を整理し関連する事象をまとめて秩序づけるという方向性です。まず，どの行動や事象間の生起に高い相関があるかを偏見なく分析します。この作業は確率的な思考を用いて，具体的な事象の関連から抽象的な本質を帰納することです。一般的にはこの作業には莫大な時間が必要です。したがって相談時にこの作業を十分に行うことができるわけではありません。しかし，先入観に基づいて一定の行動の解釈傾向になりがちなことに対して疑問を投げかけ，この作業を試みる姿勢を日常的にもっていることは重要なことです。

もう一方は，演繹的な思考を行う方向性です。障害や発達の水準という，子どもの全体像を類型化するマクロな理論だけでなく，もう少しミクロに子どもの行動を類型化する理論を使って子どもの行動を解釈します。たとえば，言語やコミュニケーションの発達に関する理論に精通するだけ，それをもとにした解釈が多様に生まれます。同様に，遊びや保育に精通すること，家庭や家族についての理論に精通すればそれをもとにした解釈が生まれます。障害児の病理や生活史に精通することなども同様です。その意味で，多様な解釈を可能にするような理論を豊かにもつことが専門性の基盤になります。

そして，数多くの可能な解釈の中から，もっとも，その行動の解釈として妥当なものを冷静に選び取り，分かりやすく保育者に提示することが発達臨床の専門家の役割です。

2-3 保育における発達臨床のニーズと専門性

　今日，発達臨床の専門家に期待されることは，一般的な子育ての相談から，重度の障害児の発達相談にいたるまで，対象となる子どもも多様です。また，保健センターにおける乳幼児健診から学齢児の教育相談にいたるまで，その場も多様です。とりわけ，乳幼児期から学童期・思春期まで，子どもの育ちの多様な危機が指摘される時代において，発達臨床へのニーズは広汎なものになります。当然ですが，そのようなニーズに応えるうえで共通する専門性があります。一方で，ニーズに応じて異なる専門性が要求される面もあります。

　保育の場に限っても潜在的にはきわめて切実な発達臨床へのニーズがあります。たとえば，人との関わりが下手で問題行動を多発する，いわゆる「ちょっと気になる子」の保育において，保育者が大きな困難を感じ専門的な支援を求めていることはよく指摘されています。最近では外国人の子どもや被虐待児の保育についても専門的な支援が必要です。保育者は，そのような子どもの保育にも発達臨床的に支援するサービスを求めています。しかし，そのニーズに応えるサービスは今のところ極めて限定的なものしかありません。残念ながら，子どもの発達的ニーズに基づいて保育の場へサービスを支給する制度がほとんどなく，サービスの支給体制の整備が遅れているという状況です。

　それに対して，医学的な診断や分類を根拠として障害が明確な場合には，なお，十分とはいえませんがかなりニーズに即したサービスが整備されています。本書の第2部でとりあげる巡回相談などがそれに相当します。そこで，本章では発達臨床の専門性について，現在サービスが存在する，発達障害をもつ子どもの保育を念頭において整理しました。

(1) 発達心理学を専門にする研究者が，保育者とともに保育を作る共同作業の成果として年齢ごとの保育場面の子どもの姿を整理した教科書として，心理科学研究会編『育ちあう乳幼児心理学』（有斐閣，2000年）があります。
(2) DSM（アメリカ精神医学会，診断と統計マニュアル）が原因を問わずに一定の症状の条件を満たすものを，一つの疾患であるとする操作的な診断基準を

採用したのは1980年の第三版DSM-Ⅲからです。そのときに「通常,幼児期,小児期または青年期に明確になる障害」という大きな分類項目が設けられ,発達期に固有な障害のあることを明確に示しました。

その後,1987年の改訂版であるDSM-Ⅲ-Rのなかで分類体系に発達障害が位置づき,「このグループの障害の本質的な性質は,主たる原因が認知,言語,運動,または社会的技能の獲得において存在することである。この障害は精神遅滞のような全体的な遅れ,特異的発達障害のように特定の領域の技能獲得において遅れあるいは進歩しないこと,あるいは広汎性発達障害のように正常な発達の質的な歪みが,多くの領域に存在することを含む。……」というように定義されました。

さらに1994年に改訂されたDSM-Ⅳでは,「通常,幼児期,小児期または青年期に初めて診断される障害」として発達障害が列挙されています。DSM-Ⅳについては,カプラン『臨床精神医学テキスト DSM-Ⅳ診断基準の臨床への展開』(医学書院,1997年)の明快で詳細な解説が参考になります。

このように,時代とともに,その定義や区分が見直されていますが,今日では,ほぼ,一定の範囲のものが発達障害であると共通理解されています。

(3) 障害種別の保育の要点に関しては,茂木俊彦・荒木穂積編『改訂版テキスト障害児保育』(全障研出版部,1996年)に最近までの障害児保育における成果をみることができます。

(4) 茂木俊彦(『統合保育で障害児は育つか』大月書店,1997年)が指摘するように,障害や発達の水準にふさわしい適切な専門的な配慮をすることなく,ただ健常児集団に障害児を統合するだけでは,形式的な平等にはなっても,障害児の人権を保障することができず,実質的な平等を実現できないということになります。

(5) 丸尾ふさ『3歳 つぶやきにドラマを見いだして その子らしさを育む保育を』労働旬報社,1993年。

(6) このような発達の里程標について,乳幼児期の発達のすじみちを子育てや保育と関連付けながら整理されたものとして,田中昌人・田中杉恵『子どもの発達と診断Ⅰ~Ⅴ』(大月書店,1981年~88年)が参考になります。

(7) どのような相談も,問題のある子どもの相談とみなすことは誤りです。正確には,保育者がどのような状況を問題だとしているかという,「問題状況」を明らかにするという基本的な立場をとることが重要です。このような観点から,状況を分析する手法などを整理したものとして以下の文献があります。

Barnett, D. W., Bell, S. H. and Carey, K. T. 1999 *Designing preschool interventions*: A practitioner's guide. The Guilford Press, NY

(8) 「気になる子」の保育においては,「気になる子」を分類する妥当な基準がないので,子どもの状態をカテゴリーに分けることは,あまり有効な方法とは

なりません。むしろ，状況に即して子どもの行動を精密に分析することが中心的な方法になります。とくに知的な障害が小さいほど，子どもは保育者の行動や保育の状態について複雑な認知的な処理や解釈を行います。したがって，外面的な行動が心の内面でどのように解釈されているかを分析する必要が大きくなります。そのとき，子どもと保育者との愛着関係に関する理論などの分析道具をもつことが有力な専門性の基盤になります。

このような気になる子に関する現状と研究を概観し，事例を検討したものに以下のものがあります。浜谷直人「ちょっと気になる子の理解と指導」茂木俊彦編『講座転換期の障害児教育第2巻　障害乳幼児の療育・保育』三友社出版，1999年。

(9) ある自治体では保育課の相談員が発達相談を行っています。しかし，保護者の了解を得ることが条件になっているために，実際にはADHD，高機能広汎性発達障害など，知的な水準の高い発達障害児が占める割合が高く，「ちょっと気になる子」については，相談するまでにいたらないという状況です。

今のところ，このような場合は，保育者集団が子どもを見る眼を豊かにし，保育力を高め，親とのコミュニケーションを円滑に行うなど，保育者がさまざまな工夫をしていかざるをえない状況です。しかし，今後を展望すると，このような子どもの保育に関しても，園と保育者を支援する発達相談のようなサービスを整備すべきだと考えられます。参考文献，浜谷直人他「障害児保育における専門機関との連携」『障害者問題研究』60巻，1990年，42-52頁。

3 コンサルテーションにおけるアセスメント

　近年，発達臨床の場において，なじみの深かった「発達診断」という用語が「アセスメント」にとって変わられつつあります。本章では，まずアセスメント一般の概念を整理し，わが国における発達診断の歴史と特徴を整理します。その上で，コンサルテーションにおける発達臨床アセスメントの概要を整理し，どのような視点や姿勢が必要かについて考えます。

3-1　アセスメントの概念と発達診断

3-1-1　アセスメントの概念

　関連領域である心理臨床の場における心理学的アセスメント，学校心理学における心理教育的アセスメントをかんたんに振り返って，「アセスメント」一般に含まれる共通理念を整理します。

　心理臨床の場における心理学的アセスメントとは，「有効な諸決定を下す際に必要となる，患者についての理解を臨床家が模索していく過程を指す（Korchin, 1976）」という定義が代表的なものです。従来の心理臨床活動では，精神医学的病理治療モデルにのっとり，その心理診断は患者の精神病理（異常心理）の解明を目標としていました。それに対して近年の「心理学的アセスメント」では，病理的基準だけではなく，さまざまな観点から，クライアントが置かれている状況との関連を含めて心理障害を総合的に理解しようとします。対象となる人を「全体」として記述し評価するために，「症状の有無だけでは

なく，状況のデータを収集し，それらを総合し，さまざまな基準や観点からその意味を明らかにする手続き（同）」です。すなわち，その特徴は，健康な面や成長の可能性に注目すること，個人や集団内外のもろもろのシステムの相互関係を捉え，広い視点から人間性の健康と健康障害を考察することです。またデータの収集とは，単に情報を加算的に集めるのではありません。一定の理論や臨床家の経験によって情報の間を埋め，組み立て，論理的帰結として一つのまとまりのとれた全体へと統合する技能や専門性が必要になります（赤塚，1996）。このような「診断」の概念から，人間性の成長と健康を重視する立場の「アセスメント」へという変換は，医学モデルから保健モデルへという基本的なパラダイムの転換によるところが大きい，という指摘があります（岡堂，1993）。

いっぽう，学校心理学における心理教育的アセスメントとは「ある問題について，その基盤となる情報を収集し分析して意味づけし統合し，意思決定のための資料を提供するプロセス」です（石隈，1999）。石隈（同）によれば，アセスメントは，子どもと子どもを取り巻く人々と関わりながら，子どもの状況についての情報を収集していくプロセスなので，アセスメントの鍵を握るのは人間関係と情報です。そこで得られた客観的な情報と主観的な情報を豊かに統合して意味づけることが，「賢いアセスメント」であるとされます。また，子どもの問題や障害を同定することは，必ずしも援助サービスの方針を決定することではありません。診断は，アセスメントの過程で必要に応じて行われるものです。サービスの対象は個別の子どもではなく子どもの状況全体です。アセスメントは，子ども自身と子どもの環境の相互作用を対象とし，アセスメントで問うべきことがらは「人と環境がうまく合っているか（適合）」という点です。

このように，伝統的な心理臨床の場においても，また比較的新しい分野である学校心理学においても「アセスメント」ということばには共通の志向性があります。それは第一に，問題を，対象となる人とそのとりまく環境から，総合的かつ力動的に捉えようとする点です。第二に，問題は固定的で個人に内在的なものではなく，環境や関係のありかたによって相対的に規定され，さまざま

な基準によって理解は一義的には決まらない，という前提があることです。第三に，問題の除去や解決は個人の異常部分を修理することではないとされることです。人を全体として捉え，その健康な部分に注目し，その成長への援助や，よりよい適応のための周囲の環境調整が行われます。そのため，予防的視点を持った「健康な力」へのアセスメントが重要になります。第四に，アセスメントは広く情報を得たうえで，問題状況全体のストーリーを組み立てる作業であるということです。そして第五に，アセスメントは治療や援助の方針に直結するものであることです。

3-1-2 わが国における発達診断の歴史と発達保障の思想

　発達臨床アセスメントを考えるために，わが国独自の「発達診断」の歴史や発達保障の思想について触れます。「発達診断」は，広い意味では，古くはゲゼルに始まるさまざまな発達検査に一般的に使われる用語です。しかし，わが国の発達臨床の現場や障害児心理学の分野では，やや特殊な背景を持っています。

　第一の特徴は「発達診断」は障害児の早期発見・早期療育という，わが国独自の保健医療の予防システムの文脈において使われることが多く，またそこで理論的にも技術的にも発展したという点です。早期発見・早期療育とは，「障害はできるだけ早く見つけて早く治療すれば大幅に改善される」という考え方です。そのためにはリスクの高い子どもや援助の必要な子どもを，できるだけ低年齢でどれだけ過不足なく把握できるか，という精度の高い診断が問われます。予防のための診断という意味からは，障害の予兆や将来の発達の予測をできる限り可能にする診断法が要請されました。また予防と療育の観点からは家庭環境や地域の育児資源といった，環境要因への目配りが欠かせません。したがって，「発達診断」には，そもそも医学的診断とは異なる視点が多く含まれていました。

　早期発見・早期療育を実現するための発達診断にはいろいろな方法や理論があります。しかし事実上，かなりの多くは田中昌人らの「発達保障理論（発達

の階層―段階理論)」を基盤としていました。これがわが国の「発達診断」の持つ第二の特徴です。これは，療育現場のみならず母子保健と保育の分野に大きな影響を与えました。

母子保健に関しては，発達保障理論は，現在もいまだ母子保健事業のモデル的存在である，大津市のシステム（大津市・1974年方式）のなかに結実し，以降の母子保健の施策に影響を与えました。乳幼児健診は，障害の早期発見と予防，子どもの健康の保持や増進のための育児指導を行う場とされました。そのためここに発達臨床の専門家としての心理職が保健所という現場に誕生し，子どもの発達診断や親への相談業務を通して，援助サービスを担うことになります。

保育の分野に関しては，70年代からの保育に影響を与えました。当時，乳児保育も開始され，発達研究への関心の高まりと障害児保育の運動的広がりをみていた時代にあり，発達保障理論は保育者に歓迎されました。それは0歳からの子ども，障害を持った子どもの発達の全体像を記述し保育につなぐことを可能にしたからであること，「問題行動を発達の芽として捉える余裕を保育現場に与えたから」と言われます（神田，1992）。

これを一つの契機として，以降，保育者が「発達」の枠組みから保育を考えることは当たり前のことになりました。発達の専門家にとっては，保育という生活の場で「発達」という観点から生きた子どもと対峙する，という機会が多く得られるようになりました。あるいは，そういった生態学的観点から子どもの発達を捉える力が，保育者と語り合うための専門性の一つになったと言えます。また，保育現場での障害児の発達保障のとりくみに，心理職や発達心理学者が関わるようになりました。以上のような経緯があって，後の保育現場におけるコンサルテーションにいたる道すじが拓かれました。

しかしながら現在では，「発達保障」や特に「発達診断」ということばには，いささか異和感が伴うようになりました。その背景にはいくつかの要因があるようです。その一つは，インテグレーションからインクルージョンへ，という流れでしょう。障害を持つ人たちをできるだけ普通の生活のなかで，制約の少

ないところで教育しようとするのがインテグレーションの考え方です。その根底には「障害か非障害か」という一元的な考え方があることは否めません。それに対して，インクルージョンとは，そもそも障害・非障害の区別はない，とします。すべての子どもが個別の教育的ニーズを持っていると考えます。

障害の概念も変化しました。1980年の国際障害分類（ICIDH）では，障害を機能形態障害，能力障害，社会的不利に分類し，そのどれもが個人に内在するものではなく，社会環境によって相対的に決まるものとされました。21世紀の新しい国際障害分類第2版（新名称「生活機能・障害・健康の国際分類」，ICF）においては，障害は，個別の治療による個人の社会への適応と行動変化を目標とする医療モデルから，よりいっそう，社会環境によって作り出されるたくさんの状態の複雑な集合体とみる社会モデルからの規定の面が強まりました。[4]

このような事情も受けて，「発達診断」「発達保障」ということばを使うことには，ある種の抵抗感が生じます。それは"障害か非障害かの区別"，健常ではない部分を厳密に探り出すという側面への抵抗や，"障害のある子どもを頑張らせて一律の正常な水準に引き上げる，正常な人々に合わせる"という側面への抵抗です。また，母子保健サービスや療育システムの地域格差が拡大していることを懸念する声もある一方で，子どものQOLの観点から，将来の発達のための早期療育が，親子から「いまの，ふつうの暮らし」を奪うことになるのではないかという，早期発見・早期療育への疑問や療育目標の再検討も叫ばれています。[5]子どもの教育における近年の「ゆとり」の重視の影響，「早く，遅れないように」という風潮への反動，「発達診断」に付着した"評価（するだけ）のモノサシ"といった印象への抵抗もあるようです。

しかし，発達診断の理論や技術に一定の蓄積があること，また発達保障という思想は，特に療育・保育現場において現在も広い意味では根強く支持されています。発達臨床アセスメントを行うに当たっては，このような事情を知り，診断やアセスメントの持つ社会的意味に敏感であること，さまざまな社会変化や価値基準からの相対性を理解することは，必要な専門性の一つです。

本書の立場は，基本的には発達保障理論の流れをくんできたものですが，そ

の理論的・実践的蓄積の上に，このようなパラダイムの転換や社会変化にそくして，また心理臨床と学校心理学におけるアセスメントの理念と枠組みを参考にしながら，現代的な発達臨床アセスメントとは何かを考えたいと思います。次節から，アセスメントの概要を整理し，あるべき特徴について述べます。

3-2 コンサルテーションにおける発達臨床アセスメントの実際

3-2-1 アセスメントの概要

3-2-1-1 目　的

　コンサルテーションにおいては，コンサルティである保育者から，まずなんらかの主訴が出されます。アセスメントとは，主訴の受けつけから問題解決のための仮説生成にいたる一連の手続きです。アセスメントは保育者の主訴を大切にし，出発点としますが，主訴そのものが必ずしも子どものより良い発達や，よりスムースな保育を実現することに繋がるニーズであるとは限りません。主訴を含め，主訴の下にどのような問題とニーズが絡んでいるのか，子どもと保育の問題全体を分析的に把握し，その解決のための材料を得ることがアセスメントの目的です。

3-2-1-2 プロセス

　アセスメントは次のようなプロセスから成り立ちます。まず，資料や聞き取りから保育者の主訴を知り，保育者の問題意識を把握します。第2に，保育のなかでの子どもの発達の状況と障害の状態，保育，子どもと保育所をとりまく環境について情報を収集し分析します。第3に，それらの分析結果を総合し，相互関係を整理して，問題状況全体の整理と解釈を行います。そして整理されたことがらと保育者の問題意識である主訴との関係を把握します。ここで解決や介入に繋がるニーズが見えてきます。それは一つであるとは限りません。最後に，見えてきたいくつかのニーズから介入のための仮説を立てます。どこから手をつけることが実効性が高く，有効な解決に繋がるかを考えます。

　アセスメントという用語は，基本的にこのプロセス全体に対して用いますが，

各々の段階における作業や作業の過程に対しても用います。

3-2-1-3 何を情報として収集するか

アセスメントでは，子ども，保育，周囲の環境に関して次のような情報を収集します。もちろん，常に全ての情報を収集しなければならないのではありません。問題の性格によって，またアセスメントの過程で，中心として収集したほうがよいと思われる情報や，それに関連すると思われる情報を選択して収集します。

① 子どもに関する情報収集

子どもに関しては，第1に発達と障害の状況をできるだけ正確に，発達と障害，教育などの理論に基づいて把握します。運動，認知，言語・コミュニケーション，他者（大人，子ども）との関わりや社会性，自我人格の発達の水準と特徴を捉え，障害の状況を分析します。第2に，遊びや生活面での育ち，行動面の特徴などを把握します。

しかし，これらの機能は相互に関連しています。たとえば行動面に「攻撃性が強い」という心理情緒的な行動特徴が見られるとします。その記述はアセスメントの出発点にすぎません。「攻撃性の強さ」を発達的に分析することが必要です。すなわち，注意集中や記憶，認知の特性，言語発達，コミュニケーションと人との関わりの力の特徴，自己評価や自己効力感の育ち，遊びの力，保育者との信頼関係，友だちとの相互交渉の力などの観点から，総合的にアセスメントし，感情統制の力や自己コントロールの育ちとの関係を把握します。そのバリエーションは子どもの数だけある，といってよいでしょう。

② 保育に関する情報収集

保育の内容に関しては，クラスの大きさや保育体制などの人的環境，保育形態，保育カリキュラム，ことばかけや個別の援助の方法などの関わりの質を把握します。

保育のなかの物理的環境に関しては，保育室の作り，遊具の質・量と配置の具合，園庭の広さと構造，散歩に出かける公園などを把握します。

保育者の特性に関しては，経験年数や障害児保育の経験とその内容，年令，

保育観（保育で重視することがらやこうありたいという思い）や子ども観（子どもにはこう育ってほしいという願い），子どもに要請する行動様式──教師による儀式化（近藤，1994），コンサルテーションに対する態度（石隈，1999）や期待感などを把握します。コンサルテーションは保育者への支援ですから，保育者の特性を把握しそれに寄り添うことが，保育の実行に繋がります。また，コンサルテーションは相談員とのコミュニケーションの場でもあります。良好なコミュニケーションを行うためにも，保育者の特性をできるだけ多く捉えることが大切です。コンサルテーションにあまり期待を抱かれていない，と相談員が感じる場合もあります。その原因は保育者が発達の専門家に抱く不信感や，過去のコンサルテーションに対する不満や，当該の子どもの保育になんらかの理由で意欲的になれない状態にあることや，子どもの問題以外で悩みを抱えていたりすることです。こういった側面の把握も必要です。

さらに，保育の風土を把握します。管理職（園長や児童館長，施設長）の運営方針，保育所の文化や雰囲気，職員集団の雰囲気，子ども集団の雰囲気や規範──子ども間での儀式化（近藤，1994）などを把握します。

保育者の特性や保育の風土などは，1回の相談では充分に把握できないかもしれません。相談を重ねるにつれて見えてきたり，保育の進行と共に変わる部分もあります。しかしこのような側面に対して可能な限り敏感であることも，相談員に求められる専門性の一つです。

③ 子どもと保育所をとりまく環境

家庭状況，療育機関や医療機関，学校との関係，地域の各種教育資源，地域の特色などを把握します。ただし，家庭状況と学校との関係に関しては，多くの場合間接的な収集であるために，その把握は不十分にならざるを得ません。したがって，信頼性という点から，慎重に判断します。子どもの発達支援全体や地域連携のなかで，保育所がどのような役割を果たしているのかによっても，情報の収集のしやすさやその重要度が異なります。

以上の3点を把握したら，その相互関係を整理します。たとえば先の「攻撃性の強さ」は，それを構成している子どもの発達の状況とあいまって，次のよ

うな保育状況や環境条件と関連しているかもしれません。保育室の環境（音が過剰に響きやすい，狭いなどのため認知的混乱を招きやすいなど），保育方法（自由保育場面で何をしたらよいか分からない場合に起こりやすいなど），保育内容（子どもの能力に合わない課題設定が多い，保育者や子どもたちから認められていると思える場面が少ないなど），クラスの子どもたちの問題（対人関係スキルが低い，共感性が低い，異質な存在に寛容的でないなど），保育者の働きかけの質や連携の問題（子どもの思いにあまり応答的でない，子ども同志の関係にタイムリーな対処がとられにくいなど），家庭内の問題（安定的な愛着の形成不全，親子関係のスタイルの影響，家族間の不和，虐待など），学校での問題（教師の不適切な対応からのストレス，偏見やいじめによる情緒的不安など）など。これらを総合して問題状況全体を解釈します。

3-2-1-4 どこから，どのように情報を収集するか

① 資 料

　資料には相談に際して記述された書類のほか，保育日誌，保護者との連絡帳，子どもの絵や工作物等の作品などがあります。相談のための書類には，生育歴・療育歴や家庭環境，保育の状況や保育者の捉えた子どもの姿や問題状況，過去の保育の取り組み，主訴などが書かれています。そこからは，表面に記載された情報のほか，問題の緊急度や危機感の強さ，どんな子どもに育ってほしいのかという保育者の保育観，場合によっては園全体の保育方針のようなものも読み取れます。保育者の子どもの姿への感受性の程度や力量，障害児保育の経験の有無などもおぼろげながら予想されます。その他の資料は，必要に応じて収集します。

② 聞き取り

　聞き取りはまず観察の前の時間に行うのが一般的です。資料内容の確認や，書類記載時から変化してきたことがら，文章には書ききれなかったことがらなどを聞きます。最初の緊張をやわらげるように意識しながら，保育者の話を聞きます。保育者の思いができるだけ表出されるように，その後の保育観察に余計な緊張を生まないように，相談員は"よい聞き手"になるよう努めます。相

談を依頼した後で状況が変わること，多くは改善に向かうこともしばしばあります。おそらく，書類を記述する過程で職員間の話しあいが進んだり，子どもの問題をより共通に認識できるようになることが，保育や子どもの変化を生むのでしょう。その場合は書類の記載事項にとらわれず，その場で次の保育の展開状況を聞き取ります。さらに，実際の保育場面において，就業に差しつかえない範囲で，インフォーマルに，多様な職種の職員と雑談も含めた話を交わすことも重要な情報源であり，職種に応じたコンサルテーションを行うためにも重要です。

③ 観　察

観察では，子どもの様子，周囲の子どもたちの様子，保育，物理的環境，職員どうしのコミュニケーションのありようなどを見ます。

観察者である相談員は，被観察者である子どもや保育者に対して，相談員の存在を明らかにし，その場に入って直接観察します。できるだけありのままの状態を知るために，子どもへのはたらきかけや保育への関与を極力少なくし非交流的観察に徹する場合もありますが，それでも黒子のように存在することはできません。短い時間のなかでも，子どもや保育者が観察する相談員の存在をゆったりと受け入れ，慣れれば，行動への影響は少なくなると考えられます。3歳児クラス以上であれば「みんなが元気かな，仲良く遊んでいるかな，と見に来た人」といった紹介のされかたをしてもらい，子どもが納得できる位置づけを得て参入することが大切です。そしてできるだけ自然に，子どもと遊んだり，話したり，共に昼食を食べたり，生活習慣を介助したりして観察します。

基本的には，保育のありのままを見る，自然で非構成的な観察を行います。ただしその場合も，子どもや保育者と相談員との関係性の要因が多少なりとも含まれます。そのような事態として自覚的に状況を把握する必要があります。いっぽう，構成的な観察を試みることもあります。保育の流れに差しつかえない程度に，ときおり子どもや他の子どもたちに対して，意図的な問いかけをしたり遊びを働きかけたりすることで，有用な情報が得られます。

④ 検　査

種々の検査は発達の水準や特徴をより正確に把握するために有用ですが，分類や診断が最終目的ではありません。子どもの発達を捉える一つの手段であり，構成的な観察と面接の場面でもあります。アセスメントに有用な検査にするには，いくつかの留意点があります。

まず，発達を正確に把握するとは，数量的結果を得て発達の水準を知ること，機能的な偏りやプロフィールを把握することです。それに加えて，各々の検査項目の意味を知り，子どもの取り組み方を観察し，発達の特徴をより細かく捉えることが重要です。

第2に，検査は「できなさ」を見るのではなく「最大量のパフォーマンス」を見るためのものです。そのため，事前に，保育場面のなかで多少なりとも子どもとラポールを形成しておきます。検査の場所は子どもが落ち着くことができ，過度に緊張しない場所を設定します。保育者も同席することで，子どもの緊張が和らぎます。正確な検査手順では課題に取り組めないときには，子どもの好きなことばやキャラクターを使ってやさしく説明したり，他の方法で提示したり，その前の保育場面で保育者が使った材料やことばを使って説明します。検査の信頼性に響かない範囲で，苦手そうな課題と好みそうな課題の順番を適宜アレンジし，意欲を持続させたりします。検査者の声の大きさや提示のリズムを変えてみたりもします。そうすることで，子どもの認知の特性を知り，どんな工夫をすれば理解されやすいかという学習の可能性や保育方法へのヒントを得ることができます。課題をすすめるうちに，似た課題の理解が早くなったり，難しい課題が達成されやすくなることもあり，日頃の活動経験の量と質を推し量る材料にもなります。

また，検査は，質問や課題の材料を用いて，子どもと一対一でやりとりする面接場面です。すなわち，相談員対子どものコミュニケーションの場であり，さらに，子ども対同席する保育者のコミュニケーションの様子を観察する場として意義の大きなものです。第一に，子どものやりとりの発達の水準と特徴を知ることができます。ことばの理解の程度，相手のことばを待つという番の交替があるか，課題の説明に対し共同で注意ができるか，課題に物を使うときの

三項関係のやりとりと物を使わない二項関係のやりとりに違いがあるかどうか，視線や表情などの非言語コミュニケーションの特徴，できたときや不安な時に保育者への問い合わせ（社会的参照行為）があるかどうか，検査という非日常的場面で，保育者をどの程度安全基地にしているかという信頼関係の状況を見ます。また，課題の指示以外に，検査者はできるだけたくさん誉めたり励ましたりします。そうすることで，子どもの検査への意欲を高めるだけでなく，感情・情緒面の反応を見ることができます。子どもの表情や感情の表わし方から，自我や情緒の発達，対人関係の特徴が読み取れます。特に課題ができたときに嬉しい，誇らしいといった気持ちを表わすか，もっとやりたいという意欲が見られるかということは，どんな年齢，どんな障害の子どもであっても重要な点です。

さらに，検査は検査場面と日常場面との力の違いやずれを表します。これには二つの場合があります。検査は非日常的な場面です。できるだけ静かな空間で，必要な物だけが目の前にあり，子どもに合わせたやりとりが行われます。担任保育者や園長などの同席のもと，子ども一人に対して大人の関心が集中し，たくさんほめられます。こういうことは園のなかでは日頃めったにないことです。そのため，子どもは緊張しながらも楽しい時間を経験することになり，多くの場合，子どもは保育場面での姿よりもかなり高い力を発揮します。「こんなにできる」姿をまぢかで見ることは，保育者のうれしい驚きです。それによって子どもの成長への期待が高まり，ふだんの保育に何が欠けているのか，改善の余地がないかどうか，保育者自身が振り返ることにつながります。

逆の場合として，子どもは楽しく検査に取り組んでいても，保育場面での姿より低い結果になることがあります。保育者は「こんなにわかっていなかった」と驚きます。ここからも，現実の生活のなかで子どもがどのように理解を補っているのか，みかけの適応から本当の発達のためには何が必要か，を見出すことができます。

⑤ **カンファレンス**

カンファレンスでもアセスメントの作業を行います。問題解決に向けてカン

ファレンスが展開するなかで，さらに子どもに関する多様な情報が出されたり，保育者の問題意識や特性が明らかになったり，保育所の状況が把握できます。また，相談員が行うアセスメントに終わるのではなく，それに対して保育者の意見や疑問を出してもらい，双方が互いの見方を確認しあい修正しながらアセスメントを洗練させていきます。カンファレンスに保護者や学校教師の参加を求め，あるいは学校に出向いて教師と面談し直接情報を収集する場合もあります。

以上の情報源から収集した情報を総合し，解決につながる最終的な仮説を立てます。ただし，それぞれの情報源ごとに独立してアセスメントを行うのではありません。同時進行的に，各々の情報のアセスメントを照合し，相互に解釈し直しながら，次の情報を収集していきます。必要と思われる情報を収集しながら仮説を立てては検証し，次の情報によって確認・修正していく作業をくり返します。

3-2-2 望ましいアセスメントとは

コンサルテーションという形による保育の支援に役に立つアセスメントとは何か，その特徴を整理します。

3-2-2-1 問題状況として捉えるアセスメント

アセスメントするべき問題とは，「問題の子ども」ではなく，「保育者が問題であると感じている状況」や，保育者の問題に対するの認知のしかたをも含めた問題状況の全体として捉えます。その理由の一つは，支援の対象が保育者であり，直接には，保育者に認知された状況を改善することが求められている，と考えられるからです。もう一つには，より基本的な問題として，問題や障害の規定のしかたがあります。3-1-2でふれた生活機能・障害・健康の国際分類（ICF）における障害モデルでは，障害とは，心身機能・構造，活動，参加の三次元において，そのすべてに環境因子と個人の因子が強く働きながら，それぞれが相互作用的な関係にあることを規定しています。これに照らせば，問題とは，子どもの発達や障害に，保育のありかた，保育者や周りの子どもたちとの

関係,周囲の環境の要因などが力動的な関係をもちつつ,時間空間的な文脈の違いによって生じたり,改善されたりするもの,と考えることができます。したがって,アセスメントでは,子ども,保育,周囲の環境から包括的に生じる問題状況をその対象として捉えます。

また,このことから,子どもの行動や保育の行為,子どもと周りの人たちとの間で作られる関係は,実際に生きている生活の場――すなわち保育の場の文脈のなかで理解し解釈することが大切である,と考えられます。そのため,アセスメントでは,保育園,幼稚園,学童保育所などがそれぞれどのような場であるかに関しての背景的知識を多く知り,その場の特性に応じた情報収集や把握のしかたが重要です。

3-2-2-2 発達要求をくみとるアセスメント

発達要求をくみとるとは,子どもには新しい発達の力を獲得したいという要求の高まりがある,という視点から行動をアセスメントすることです。この視点に立つならば,問題行動とは,子どもがそのような要求をスムースに実現することができず,周囲に「もっと適切なとりくみをしてほしいという積極的なサインを送っている状態(沢,1988)」です。なぜそのような行動をとるのかについて,子ども自身の視点に立って「子どもの内面をくぐって理解しようとする姿勢が重要(別府,1997)」です。

たとえば,当番や片づけ,生活習慣などを喜んでこなしていたのに,なぜかそれらのことをしなくなった子どもがいます。保育者は「このくらいのことならば充分にこなせるはずなのに」と悩みます。しかし,子どもがそれまで難なくできていたルーティンの行為をスポイルしていく行動の裏に,子ども自身の自分を見る目の育ちや,自尊感情の育ちがあります。周囲の人たちから「"このくらいのこと"をする存在としていつも位置づけられている自分」に気づき,「もっとほかのことがいろいろわかりたい,でも,できない」という葛藤的な思いがあるのです。

発達要求をくみとるアセスメントとは,今できることや表面にみえる行動それ自体を対象にするのではなく,子どもの内面に潜む要求を理解することです。

このようなアセスメントは，保育において，今子どもが必要としている力を育てる，という視点につながります。

3-2-2-3　ポジティブなアセスメント

子どもの個性や成長の可能性に注目し，ポジティブな面の情報収集を心がけます。子どものすばらしいところやその子らしさ，得意なこと，好きな遊び，興味や関心の対象を把握します。その子にとってのはたらきかけの方法の好みや，理解しやすい方法を見出します。それは，発達する主体としての子どもの側に立って，子どもの援助を効果的に行う手がかりを得るということであり，また，どんな年令であれ，どんなに重い障害児であれ，子どもの人格を尊重する姿勢を持つということです。

保育に関しても同様です。保育者の力量の高さや保育の質はいろいろですが，保育者の現在持っている力量や特性を尊重し，どう活かしていくかにつなげます。クラス全体の特徴やよいところ，他児たちの育ち，良好な友だち関係などを見出して，環境調整に役立てます。このことにより，実効性のある介入が実現しやすくなります。また保育を正当に肯定的に評価することは，対等な専門家としての保育者の基本的位置づけを大切にすることであり，保育者の自信の回復や，保育者が自己の仕事を客観的にみることにも繋がります。

3-2-2-4　専門家同志の連携によって練りあげるチーム・アセスメント

相談員が行うアセスメントを中心としながらも，保育者自身の気づきや考えをできるだけ忌憚なくたくさん出してもらい，問題を共に分析し意見を交換し合いながら，問題状況の像を練りあげるチーム・アセスメントの姿勢が重要です。

相談員の収集する情報はその専門性の違いから，保育者の持つ情報といくぶんかずれます。保育者はたくさんの情報を持っていますが，職種によっても持つ情報が異なります。保育自体もアセスメントの対象です。そのため，保育者の持つ情報を多く収集し，保育者の認識を確かなものとすることが大切です。相談員は，判断のプロセスや根拠を明確に提示します。検査に同席してもらったり，観察からの情報も，具体的な文脈と共にオープンに提示し，判断のため

の材料を共通のものとします。

　コンサルテーションがうまくいったと実感できるとき，ひとつは，この「問題の整理」ともいわれる問題状況全体のアセスメントが，互いの意見交換によって，なぞに満ちた子どもの姿や問題の状況が広く多様な要因から解きほぐされたと感じられる時です。共同で推理しストーリーを作りあげる作業とも言えます。これは，コンサルテーションが対等な専門家同志の共同作業であることを意味するとともに，保育現場における問題解決につながりやすくします。そのために相談員には，問題をわかりやすく多面的に整理していく力がまず必要です。そして，短い時間のなかで，場の雰囲気，保育者の人柄，力量，持ち味などを見計らいながら，話し合いを通じて保育者の持つ情報の見方や意識を引き出すコミュニケーションの技量と，話しやすさを感じさせる人格特性が求められます。

3-2-2-5　生涯発達を見通したアセスメント

　生涯発達の視点に立って，「発達の危機」といわれるさまざまの里程標や，発達の節目といわれる時期，就学や転校，家族の変化などのライフイベントを見通し，よりよい成長への援助につなげる予防的アセスメントを心がけます。

　これに対して，将来の幸せのために遡ってその準備を考えることは，現在の子どもの幸せを奪うことにもなりかねない，という指摘があります。また，子どもの発達や障害の状態はそのときどきの環境要因に複合的に規定され，したがって，今の状態からは一義的に将来は決まらないと考えることは本書の基本的立場です。しかし，発達研究の進展は，生涯にわたって，心身の成長や社会的関係の変化にともない，次の成長への契機として乗り越えるべき「発達の危機」と発達課題があることと，そのダイナミズムを明らかにしようとしています。一方，ある種の発達障害では，思春期や青年期以降，「発達の危機」に直面するとき，危機を乗り越えられないまま，固有の心的病態に陥りやすい傾向があることなども知られるようになってきました。また医学の進展と共に，障害のある人の長寿化に対応し，生涯発達としての自己実現と幸せを保障する支援が求められています。[6]

予防的な生涯発達的アセスメントは，子どもの現在の発達の状況や生物学的制約の特徴を捉え，将来出会うことになる問題が子どもの成長の契機にならず，妨害的にはたらく可能性を考慮し，「問題に取り組む能力をつけること，その問題を乗り越えながら成長すること（石隈，1999）」をめざします。そのために，今の保育や周りの環境を豊かに配慮することを提案します。それはまた，今の子どもの発達と生活を豊かにするような提案でもあることが必要です。

(1)　わが国の医療や療育の現場で採用されている発達診断と発達検査法については，前川喜平・三宅和夫編『別冊発達8　発達検査と発達援助』（ミネルヴァ書房，1988年）の詳細で総括的な紹介が参考になります。
(2)　発達保障理論とは，"すべての子どもたちに発達保障のシステムを用意する"という理念のもとに，障害児の発達保障運動と療育実践を通して作られたものです。発達理論において子どもの発達する権利を唱うという視点は新しいものでした。また，診断技術が具体的に詳細に展開され，「発達の原動力」と呼ばれる力の発生を診断し保育や教育の方法の手がかりを得るという，教育的技法と視点が含まれていました。したがってこの理論は，療育現場のみならず母子保健と保育の分野に大きな影響を与えました。
　　発達保障理論に基づいて，子どもの発達のみちすじと発達診断の実際がわかりやすく記述されたものとしては田中昌人『乳児の発達診断入門』大月書店，1985年，田中昌人・田中杉恵『子どもの発達と診断Ⅰ～Ⅴ』（大月書店，1981年～88年）が参考になります。
(3)　1977年には厚生省が保健所に1歳半健診実施の通達を出しました。3歳児健診は，戦後，乳幼児死亡率の減少・栄養状態の向上・疾病の予防と治療などを目的として開始されたものですが，1歳半健診では障害の早期発見・予防，健康の保持・増進の指導（育児，生活指導）へと比重が移されました。
(4)　生活機能・障害・健康の国際分類（ICF）においては「機能」は「心身機能・構造」に「能力」は「活動」に「社会的不利」は「参加」へと用語が変わり，旧版の機能形態障害から能力障害へ，社会的不利へという一方通行的因果関係の流れから，相互に作用しあい進展する過程として，障害はより多次元的に捉えられます。そのため，「社会生活の全ての分野に障害をもつ人々を完全参加させるために，環境を変更することは社会の共同責任となる。したがって課題とされるのは社会変化を求める態度や思想形成の問題」と述べられています。World Health Organization, GENEVA. 『ICF International Classification of Functioning, Disability, and Health』2001

(5) このような問題提起は，たとえば，伊藤則博「療育のこころ「特殊教育」」『こころの科学』81巻（日本評論社，1998年），宮田広善『子育てを支える療育〈医療モデル〉から〈生活モデル〉への転換を』（ぶどう社，2001年）などで知ることができます。

(6) 生涯発達心理学とライフサイクルに対応した発達臨床的支援に関しては，平山諭・鈴木隆男編著『発達心理学の基礎Ⅲ・発達ニーズの臨床』（ミネルヴァ書房，1994年），下山晴彦編『教育心理学Ⅱ・発達と臨床援助の心理学』（東京大学出版会，1998年）などで基本的な展望を得ることができます。

とくに，発達障害児の長期予後，青年期退行の問題や生涯発達的援助の問題については，菅野敦・池田由紀江『ダウン症者の豊かな生活――成人期の理解と支援のために』（福村出版，1998年），杉山登志郎『発達障害の豊かな世界』（日本評論社，2000年），杉山登志郎・辻井正次編著『高機能広汎性発達障害』（ブレーン出版，1999年），西田清・高橋宏・別府哲・藤本文朗編著『自閉性障害児者の発達と教育』（かもがわ出版，2000年），斉藤久子監修『学習障害発達的・精神医学的・教育的アプローチ』（ブレーン出版，2000年）などが参考になります。

参考文献

Korchin, S, J *Modern Clinical Psychology*, Basic Books Inc., New York 1976. 村瀬孝雄（監訳）『現代臨床心理学』広文堂，1980年。

赤塚大樹「臨床アセスメント」赤塚大樹・森谷寛之・豊田洋子・鈴木國文『心理臨床アセスメント入門 心の治療のための臨床判断学』培風館，1996年。

岡堂哲雄「心理テストとは」岡堂哲雄編『こころの科学増刊 心理テスト入門』日本評論社，1993年。

神田英雄「乳幼児分野における科学性と実践性の現在――心科研における乳幼児研究の歴史から」『心理科学』Vol. 13, No. 2, 1992年，1-13頁。

石隈利紀「心理教育的アセスメント」石隈利紀『学校心理学 教師・スクールカウンセラー・保護者のチームによる心理教育的援助サービス』誠信書房，1999年a。

石隈利紀「3段階の心理教育的援助サービス」石隈利紀『学校心理学 教師・スクールカウンセラー・保護者のチームによる心理教育的援助サービス』誠信書房，1999年b。

近藤邦夫「学級の中の子どもたち」『教師と子どもの関係作り――学校の臨床心理学』東京大学出版会，1994年。

別府哲「「問題」行動を考える」別府哲『障害児の内面世界をさぐる』全障研出版部，1997年。

沢月子「問題行動を内面から解く」藤本文朗・佐藤比登美編『青年期の自閉性障害者』青木書店，1988年。

4 コンサルテーションを活かすための
　　保育の基礎知識

　保育者を支援するコンサルテーションであるために，相談員としては，保育の仕組みについて一定の知識を持っていることが必要とされます。保育者は困難な状況に悩み，どのように保育を手がけたらよいかについて相談員に助言を求めてきます。その際，クラス保育の現状をふまえた保育の手立てを相談員がどう助言することができるのかによって，コンサルテーションの実効性のみならず，保育者の相談員に対する信頼感も左右されるといえます。

　相談員は，保育者の主訴を保育の現状に照らし合わせて整理することで問題状況のアセスメントを行います。その際，相談員が発達臨床に関する専門知識のみならず，保育の基礎知識を持つことによって次のような保育の支援が可能となります。たとえば，「声かけによって行動できない」「発声がはっきりしないために聞き取りにくい」などの保育者の訴えを実際の保育のなかの子どもの姿として相談員が可能な限り具体的にイメージすることを助けます。そうしたイメージを土台にしてはじめて，保育者との問題の共有が可能となり，さらには保育上留意すべきポイントを整理し，助言することも可能となります。しかも，相談員が指摘するポイントが具体的で実現可能であるほど，保育者との話し合いの場において，それが妥当であるか否かの検討を深く押し進めることが可能になります。こうした協同作業を通して，保育者も納得できる次の保育目標を見いだすことができます。このように，子どもたちや保育者の生活の場に即して行うコンサルテーションでは，相談員は参加する場の持つ特徴を踏まえて保育者の抱える問題状況を具体的にイメージし，それに基づいて保育上のポ

イントを整理し，保育者が保育の見通しを持てるよう心がけて支援を行います。

そこで本章では，相談員がコンサルテーションを行う際に知っておくべき保育の基礎知識を順に紹介し，それをコンサルテーションにどのように役立てることができるのかを整理します。第一は，園（保育所・幼稚園）および学童保育所における生活です。職員組織，保育の特徴がこれに含まれます。保育生活を知ることは，コンサルテーションの前提とも言うべき知識です。第二は，保育者（指導員）の仕事と成長です。保育者が担っている役割や保育経験に応じた助言を行うために必要となる知識です。第三は，地域における子育て資源や専門機関の機能についてです。限られた回数の巡回相談であるために，専門病院や施設が近隣にあるのか，就学を控えて相談できる所はあるのか，家族の精神的なケアをするための専門機関はどこにあるのか，などの相談を保育者からたびたび持ちかけられます。そうした問題に答えることも相談員の大切な役割の一つです。

4-1 幼稚園・保育所および学童保育所における生活

4-1-1 幼稚園・保育所における生活

4-1-1-1 職員組織

保育所は，厚生労働省が管轄する児童福祉施設です。児童福祉法に基づき保育に欠ける乳幼児（0歳から就学前まで）を保育します。それに対し，幼稚園は，文部科学省が管轄する学校教育機関です。学校教育法に基づき，原則的に幼児（3歳から就学前まで）を保育します。いずれも，保育内容については，後述するように共通点が多く見受けられますが，組織面において，保育所には0歳から2歳までの乳児クラスのあることが幼稚園との大きな違いです。そのため，保育所では乳児保育に必要な人的・環境整備の視点から，乳児対保育士の比率は3対1と手厚くなっており，職員としても看護師，離乳食に対応できる栄養士や複数の調理員が配置されています。

職員間の関わりをみると，保育所においては長時間保育や乳児保育の実施と

関連して，多職種がクラス保育に携わっています。それに対し，幼稚園は学校を基本モデルとして，各職員の役割分担が明確に位置づけられています。これらを踏まえて，保育所におけるコンサルテーションでは，多職種がどのように保育時間内で役割分担を行っているのかについての各園の実状を可能な限り把握した上で，ケースの問題に応じて誰が，いつ，どのような役割をとったらよいのかを考えることが必要とされます。たとえば，構音の問題では，担任の関わりはもとより，咀嚼力を促すために，栄養士の協力を得て給食の調理法を検討することもあります。また，乳児クラスでは，看護師が担任の補助として保育に携わることが多いので，重度の障害乳児に対する保育例では，看護師が持っている医療的なネットワークを活かして療育機関につなげたり，専門機関での療育方法を保育に活かす際に，担任をバックアップする役割をとってもらうことなどが期待されます。

　一方，幼稚園の組織においては原則的にはクラス担任が学級運営の責任者です。そして，必要に応じてベテラン保育者である主任（園全体で1名の場合も，学年に1名ずつ配置されている場合もある）がフリーの立場で担任を支援する立場にいます。複数のクラスに関わることのできる主任は，クラス保育を横につなぎ，学年としての統一を図る役割を果たします。また，主任はクラス担任と管理職である園長や教頭を縦につなぐ役割も果たします。そこで，全園的なサポート体制が必要とされる際には，担任のみならず主任の果たす役割が十二分に発揮されるようコンサルテーションを行います。コンサルテーションにおいては，園長，教頭，主任が担任の抱える問題を全職員の問題として理解し，通常保育に関わらない他の職員を含めた担任支援のあり方について知恵を出し合い，可能な手だてを実現することを相談員が促すことが重要になります。その際，職員としては他のクラス担任はもとより，事務員，用務員，運転手なども重要なメンバーとして位置づけられます。

4-1-1-2　保育の特徴

　保育所も幼稚園も，基本的な保育の流れは同じです。一般的な事例では，登園（8時30分から9時），自由遊び（9時から10時），片づけとクラス活動（10時

から11時30分)、お弁当もしくは給食(11時30分から12時)の順に進みます。保育所の場合、この後歯磨きと午睡(1時から3時)、おやつ(3時から3時30分)、その後、自由遊びとなり順次降園します。

　子どもたちの活動は、保育時間や保育形態の影響を大きく受けます。たいてい、午前中(特に主活動の時間帯である10時から11時)は子どもの集中力が最も発揮される時間帯ですが、休み明けや週末は、生活リズムの変化や疲労に伴い、午前中からペースが崩れてしまう子どももいます。保育形態としては、自由保育と設定保育が区別されます。自由保育では問題なく見える子どもも、設定保育になると落ち着きがなくなる場合があるかと思えば、その逆の例もあります。相談員は、複数の保育場面を比較しながら、問題の引き金になる要因がどのような保育形態と関わっているのかを考えることが大切です。

　この他、クラス体制も個々の子どもの活動に大きな影響を及ぼします。子どもの在籍するクラスが、年齢別編成なのか、異年齢編成(終日・活動別)なのか、クラス在籍児は何名か、保育者が何名配置されているのか(障害児担当保育者を含めて)、という点を知ることが必要になります。異年齢編成の場合、担当保育者間で一人ひとりの子どもの活動の流れをどのように把握しているのかを相談員は確認する必要があります。

　日々の保育は、年間計画、月案、週案、日案によって大枠が決められています。しかし、それらは学校とは違いゆるやかなもので、日々の保育に応じた修正が可能であるという特徴があります。年間計画のなかでもっとも重要なものの一つが行事です。夏祭り、運動会、クリスマス会などの行事では、それぞれの子どもが地域の人々の目に触れる機会でもあるため、皆が主役になれるよう、園での保育にも力が入ります。そのなかでもとりわけ、年長児はリーダーとして期待されます。障害を持った子どもの場合、そうした行事へどのように参加できるのか、という点について相談員に園から相談を持ちかけられることもしばしばあります。行事がどのような形で行われるのかについて具体的に相談員もイメージできること、通常の保育内容とのかねあいなどのようにとったらよいのか、いつ頃から準備すればよいのかを助言できることが必要です。

4 コンサルテーションを活かすための保育の基礎知識

　ところで，保育所の特徴として，8～9時間の長時間保育であること，乳児クラスのあることなどがあげられます。そのため，日常的生活活動（遊びや領域別活動）だけではなく，食事，睡眠，排泄，着脱，清潔管理などの基本的生活活動の保育全体に占める割合も増えます。相談員としては，基本的生活活動の発達についても心得ておきたいものです。

　このほか，保育所の場合，早朝保育（一例として，午前7時30分から8時30分），延長保育（同，午後6時から7時），夜間保育（同，午後7時から10時）があります。この時間帯には，パート保育者が保育を助けます。また，子どもの人数も少ないので，クラスを統合して，乳児，幼児各1クラスなどの体制で保育しています。常勤保育者はこの時間帯の保育を輪番制で受け持つため，パート保育者との連携が問題となります。相談員としては長時間保育を受けている子どもの場合に，送り迎えする保護者とのやりとりや子どもの通常とは異なる保育場面での姿などについてパート保育者が熟知している情報を常勤保育者がどの程度把握できているのかについて確認することが必要です。

　一方，幼稚園では，基本的に4時間の保育です。しかし，保育時間という点から見ると，園バスを利用している幼稚園の場合複雑です。それは，一口に'登園'と言っても，園バスの到着時間によって，子どもが保育に参加できる時間帯が異なるからです。第一便と第二便の間に1時間くらいのずれがある場合も多く認められます。この場合には，保育時間の前半は自由遊びとし，全体が集合できる後半に集会や一斉保育を設定することになります。降園時間についても，遅く登園した子どもたちを対象として，自由遊びの時間をお弁当（給食）の後に設けます。このように，子どもによる保育時間帯のずれがわかると，保育を設定か自由か，という枠組みだけでなく，子どもたちが少ない時間帯での保育，全体が集合した時間帯での保育，という枠組みでも保育を整理して助言することが役立ちます。

4-1-2 学童保育所における生活

4-1-2-1 設置形態と職員組織

　学童保育所の実施形態は，公立公営（約半数）のものから，地域運営委員会委託，父母会委託，社会福祉協議会委託などさまざまです。学童保育所は1997年の児童福祉法の改正により放課後児童健全育成事業として位置づけられましたが，児童福祉施設の枠外に置かれたままです。したがって，施設面では児童館と併設されてゆとりのあるところもあれば，最近増えてきた余裕教室（70平方メートル前後）の利用によって，狭い部屋に30名を越える児童が生活せざるをえない状況もあります。専用の台所やトイレのないところさえあります。現在，施設に関する最低基準はない状態です。その上，指導員の身分や労働条件も自治体の正規職員，非常勤職員，アルバイト，ボランティアなどがあり，自治体や施設によって違っています。現在，全体の2割を占める児童館内での学童保育所では，児童館の館長が学童保育所の責任者を兼任しています。その他は指導員のみの体制です。その人数は，常時複数配置されているところもあれば，一人だけのところもあります。このように，設置形態をはじめ職員組織や職員の労働条件が地域や学童保育所によってさまざまである点が，保育所や幼稚園との違いです。

4-1-2-2 保育の特徴

　原則として，小学校1年から3年までの学童を対象として，放課後帰宅しても保護者が就労等により保育できない場合に，午後12時30分から午後5時まで（場合によっては6時まで）保護者に代わって保育を行います。保育所と違う点は，子どもの生活時間のなかでは，基本的には学校を主とした放課後（春，夏，冬休みなどの祝日を除く学校休業日は1日）の保育であるため，学年があがるにつれてお稽古ごとなどの理由により学童保育所を必要としない子どもも増えて，日によって来所する子どもの顔ぶれが大きく変わることです。異年齢保育を行っていますが，集団としてのまとまりをどのように作れるのか，保育の継続性をどのように保てるのか，という課題がつきまといます。指導員は，子どもたちが安心して過ごせるように配慮するとともに，異年齢集団が固定的な力関係

に支配されないように仲間づくりを促しながら，子どもの遊びを支援します。

　1日の流れの例をあげると，自由来所にはじまり，3年生が下校する午後3時30分頃にはおやつの時間となります。おやつは班単位で，配膳から片づけまでを役割分担します。班は3年生をリーダーとして，異年齢が協力して役割を分担します。その後帰宅するまでの間，再び自由遊びとなります。おやつの後には，母の日のプレゼントづくりなどの制作活動が入ることもあります。相談員としてはそれぞれの学童保育所の組織としての特徴とともに，異年齢集団の特徴を見極めながら指導員の主訴に対する助言を行うことが必要です。

4-2　保育者および指導員の仕事と成長

4-2-1　保育者の仕事と成長

　保育者の仕事は，大まかに，子どもと接する仕事，運営に関わる仕事，家庭との連携，研修の四つに分けることができます。子どもと接する仕事には，一人ひとりの子どもが登園してから降園するまでの保育全般が含まれます。保育の運営には，保育室や園庭等の環境整備，教材準備など保育に直接関わることから，保育日誌や保育計画，児童票やクラスだよりの作成などの事務的な事柄が含まれます。家庭との連携には，連絡帳の記入，保護者会との連携，家庭訪問などがあります。研修には，園内研修をはじめ，外部の講習会や関係機関の研修会などへの参加があります。

　運営，家庭との連携，研修は，子どもと接する仕事を支えるものです。日中の大半は子どもの保育に費やされるので，それ以外の仕事のための時間をどのように1日のスケジュールに組み込むのかが課題となります。たいていは，園長の裁量によって決まっていますが，忙しい保育の合間を縫ってのそうした時間の捻出は，保育者の自発性と積極性ぬきには実現しません。一般的には，幼稚園では降園後（午後1時～5時頃まで），保育所では，昼寝の時間帯（午後1時～3時頃まで）に，環境整備，事務，連絡帳の記入，研修などを行います。

　以上の四つの仕事のなかで，保育実践の研修は，保育者の成長にとっての大

切な機会となります。保育者は，新任の場合，保育の悩みをベテラン保育者に相談することができずにいることがしばしば認められます。なかには，それまで学んできた保育の知識や自らが抱く理想と照らして，現実が違うことにとまどいを感じている場合もあります。一方，ベテラン保育者は，無意識に保育をこなしているために，新任保育者が抱いている不安を理解することができない場合もあります。また，両者の間で，持っている保育力量が違うため，問題意識にずれのある場合も多く見受けられます。コンサルテーションでは，このように保育経験の違う保育者がそれぞれが持っている力を認め合うことができるように配慮し，参加者全体が自分の実践と重ね合わせて考えられるように，話し合いの課題を明確にすることが大切です。なかなか全職員が参加できる研修の機会を設定することができないのが園の現状なので，コンサルテーションは園内研修に資する貴重な機会となっています。

4-2-2 学童保育所における指導員の仕事と成長

　幼稚園には幼稚園教育要領が，保育所には保育所保育指針が策定されていますが，学童保育所の保育に関する指針は現在のところ存在しません。保育に関する公的な規定がないため，指導員の仕事についての厳密な意味での基準は無いといえます。（先進的な取り組みをしている一部の自治体では，独自に保育方針が定められています。）しかし，長年，地域の保護者の就労を保障し，放課後の児童の生活を保障する，という観点からつみあげられてきた学童保育所における実践から，指導員の仕事として大切な柱は次のようなものであると考えられます。第一は，子どもたちが安心して放課後の生活を送れるように援助することです。子どもたちが学校から帰って学童保育所に着く頃には，「ただいま」，「お帰りなさい」（指導員），という挨拶が交わされます。一人ひとりがランドセルを下ろして，ほっと一息ついてくつろげるよう，一人ひとりを指導員は出迎えます。健康管理や安全管理にも気をつかいます。第二は，遊びや活動，行事などを通して発達の支援を行います。異年齢集団の民主的な仲間づくりを支援したり，集団遊びを組織・準備したり，行事へ向けて活動を計画したりする

ことが含まれます。第三は，家庭や学校との連携です。家庭との連携では，保護者会に学童保育所の指導員や館長も参加する形で日頃の保育についての話し合いの場を持ったり，必要に応じて個別に家庭との連絡を行ったりします。月々のおたよりを作成し，保育計画を家庭に理解してもらうこともあります。学校との連携では，子どもが学校での何らかのトラブルを引きずって学童保育所に来る場合に，学校関係者と指導員が意見交換をする場合があります。

　このような三つの柱のいずれも大切ですが，保育者としての成長とともに，安全第一から，遊びや仲間づくりへの指導および家庭や学校との連携へ向けて幅広い役割を担うことができるようになるものと思われます。学童保育所では，子どもたちが比較的自由な雰囲気のなかで過ごすので，家庭でも学校でも見せたことのない姿を見ることができます。自信満々な姿を見せる子どももいれば，学校や家庭での問題を持ち込んで，集団から逸脱してしまう子どももいます。指導員としては，一人ひとりの心のあり方に敏感になるとともに，集団としての生活をより豊かに保障していくという視点に立って，専門性を高めていくことが課題となります。園と同様に，コンサルテーションは，指導員の専門性を高めていくための研修の機会として位置づけることができます。

4-3　地域の子育て資源

　地域の中核となる子育て資源を以下に紹介します。

　(1)　保健所（保健センター）：対人保健サービスとして，母子保健，成人保健，栄養改善，難病対策，伝染病対策，結核対策，精神保健などを行っています。母子保健では，乳児健診，1歳半健診，3歳児健診などを行い，障害や発達の遅れを早期発見し，医療・療育機関を紹介する窓口になっています。経過観察の一環として，保健師や心理相談員を中心とした小グループ指導などを行い，保育所や幼稚園の統合保育への移行機関としての役割を果たしているところもあります。職員としては，医師（所長を兼ねることもある），歯科医師，薬剤師，保健師，看護師，栄養士，心理相談員などがいます。保健師は，地区担当制と

なっており，家庭訪問などを通して家族とのより緊密な結びつきのなかできめの細かいケアができる立場にいます。

(2) 子育て相談センター：エンゼルプラン後，各自治体が中心となって設置するようになりました。地域の子育て支援が目的で，子育ての悩みなど，気兼ねなく相談できることが特徴です。電話相談も受け付けています。障害が疑われる場合には，専門機関を紹介してくれます。

(3) 児童相談所：児童福祉法に基づき，各都道府県，指定都市に設置が義務づけられている児童行政福祉機関（18歳未満児が対象）です。医師，保育士，児童指導員，児童福祉司（地区担当制），心理判定員等のチームにより業務を行っています。業務内容は，児童の一時保護，里親等委託，障害児の相談や判定，児童福祉施設入所措置などです。1997年の児童福祉法改正に伴い児童虐待への取り組み，児童福祉施設への入所斡旋にあたっての児童等の権利擁護などが強化されました。児童問題の増加，複雑化のなかで機能再編が議論されています。

(4) 教育相談室（センター）：各市区町村の教育委員会の組織の一つとして位置づけられます。相談対象は，自治体に在住，在学，在勤する18歳未満の子ども，保護者，教師等です。就学相談や学校不適応児に対する精神的なケア，現職教員に対する研修，研究など，地域のニーズによっても特色がありますが，幅広い活動を行っています。最近は，就学後に不適応を示す子どもが増加したため，学校と家庭をつなぐ仲介機関としての役割が期待されています。

(5) 社会福祉事務所：児童関連では，保育所入所，心身障害等による各種福祉手当の支給，重度心身障害児（者）日常生活用具の給付，心身障害児（者）通所訓練事業などを行っています。地域に密着した中核的な福祉行政機関です。

(6) 自助グループ：自治会の一組織としての子ども会，ニュータウン地区など転入者の多い地区での若い保護者を中心とした子育て支援グループ，自閉症・ダウン症候群・LDなどの障害児（者）親の会，障害者が自らの自立と連帯を目指して結成したグループなど，さまざまな自立支援組織が作られ始めています。最近は，ホームページを開設しているところも多く，インターネット上でさまざまな意見交換や情報検索ができるようになっています。

第2部　発達臨床コンサルテーションの実際

　第2部では，コンサルテーション事例を紹介します。これらのコンサルテーションの舞台である保育の場は，保育園，幼稚園，学童保育所の3種類になります。それぞれの場で，多様なコンサルテーションが行われていますが，ここでは，それぞれの場でのコンサルテーションのあり方を考えるのにふさわしい事例を取り上げました。

　保育園は，発達障害児の保育実践の豊かな積み重ねがあります。また，巡回相談のようなコンサルテーションが歴史的にも早くから導入され制度として定着しています。そこで，保育園の事例は，自閉性障害のような行動の問題が深刻な事例と，重い障害児の事例をとりあげました。それらの困難が大きい子どもの保育において，コンサルテーションがいかに保育を支援し質の高い保育が実現できたかを示しました。

　幼稚園は，コンサルテーションのような外部の専門家が保育を支援する制度もなく，発達障害児の保育条件としても保育園に比べて不十分な状況にあります。そこで，コンサルテーションが今後，幼稚園の保育をいかに支援できるようになるかという出発点を考えるのにふさわしい事例をとりあげました。

　学童保育所は，発達障害児の保育の取り組みと，それを支援する制度において，地域・自治体間でも，個々の学童保育所間でも大きな格差があります。また，コンサルテーションに関する報告が極めて少ないのが現状です。私たちが相談員として取り組んだコンサルテーションは，一定の恵まれた条件における保育の到達点と考えられ，今後，学童保育を支援するうえでの基準になるものと考えています。

　これらの事例では，コンサルタントは，本務としては大学教員などであり，相談日にだけ保育の場に行くという巡回相談員と呼ばれるような職種です。

一方，地域の専門機関の心理職が保育を支援するコンサルテーションを行うことがあります。ここでは，その一例として保健センターの心理職の事例をとりあげました。現在のところ，保健センターの心理職が保育を支援するという役割は，業務として位置づいていません。しかし今後，その有効性を多くの関係者が認識して，制度的にも位置づくことを願い，その上で参考になる事例をとりあげました。

　また，相談員は保育者への研修を依頼される機会がよくあります。筆者らは，研修が保育者の支援としてできるだけ質の高いものになるように，さまざまな工夫を行ってきました。ここでは，その試みについて，研修をコンサルテーションとして位置づけるという視点から整理してみました。

　なお，以下の章の事例は相談員が実際にコンサルテーションを行ったものですが，子どもと保育者の名前は仮名です。また，いくつかの実際の事例を組み合わせて典型的な事例となるようにコンサルテーションを構成したものもあります。

5 保育の進行段階に応じた支援を行った
コンサルテーション
―保育園における事例(1)―

5-1 保育園における統合保育とコンサルテーション

5-1-1 歴史と現状

　多くの自治体の保育園で障害児等の統合保育が制度的に開始されて20年余りが経過しました。当初は，軽度で集団保育が可能な子どもを受け入れるという制限がありましたが，しだいに重度の障害児の保育も一般的になりました。また，一部の園に限って受け入れる指定園方式から，全園全入方式が一般的になりました。これまで各地ですばらしい保育実践が積み重ねられ，確実に統合保育が広まり定着しています。

　もともと保育園には，障害児の統合を実現しやすい素地がありました。保育園では，遊びや生活が活動の中心です。一人ひとりの子どもがそれぞれに活動の主人公になることを大切にしています。クラスは複数担任することが多いので，保育者はお互いに保育をオープンにすると同時に支え合うのが当たり前です。異年齢の子どもが一緒に生活するのも日常的に見られます。そして何よりも保育者一人が受け持つ子どもの数は比較的少人数です。このような保育園の特徴は，統合保育を行うためのきわめて有利な条件です。

　一方，統合保育は，それを支える制度的な条件整備を伴いながら進展してきました。なかでも重要なものは保育者の加配です。障害の種類や程度に応じ，一人から三人の障害児に対して，正規ないしはパート職の保育者を一名程度配

置するという加配制度が広く整備されています。研修もまた重要な条件です。保育者が受ける研修のなかでも，子どもの発達や障害に関する研修はもっとも充実したものです。研修で乳幼児期の発達を学んだ保育者は，保育のなかで障害児の発達を実際に確認することができるようになりました。当時，「一人ひとりの発達を保障する障害児保育こそが保育の原点である」と熱い思いで語られました。その思想は保育現場に今日まで受け継がれています。

　もう一つの重要な条件は専門機関からの支援です。とりわけ保育園の統合保育においては，制度の開始とともに，心理・医療・福祉などの専門職が保育園を訪問して現場で保育者を支援する「巡回相談」と呼ばれる制度が実施され普及・定着してきています。

5-1-2　巡回相談の概要と特徴

　現在，多くの自治体では巡回相談とよばれる，専門機関から統合保育への支援事業がかなり一般的に行われています。その明確な定義はないのですが，相談員が実際に園に行って相談活動を行うためにこの名称があります。ある自治体で実施されているスタイルを一例として示します。

　表5-1は，巡回相談全体の流れを示したものです。相談の事前に，園内で相談を依頼する話し合いをもち，保護者から承諾を得たうえで依頼書を作成して保育課に申し込みます。相談日には原則的に一人の相談員が一人の障害児について，発達や障害や保育についてアセスメントを実施して，保育者に対して助言を行います。その後，相談員は所見や助言を記載した報告書を作成し保育課

表 5-1　巡回相談の流れ

事前の準備	園内で相談を受けることの合意を形成する（園長を中心とした職員全体）
	相談を受けることについて保護者の承諾を得る（担任・園長などが保護者と話しあう）
	派遣依頼書を作成する（担任・担当保育者）
当日の スケジュール	9：40－10：00　聴き取り・打ち合わせ（相談員が担任・担当から説明を受ける） 10：00－11：00　保育場面の行動観察（相談員） 11：00－11：30　新版K式発達検査（相談員が実施し，担任などが同席） 13：00－14：30　カンファレンス（可能なかぎりの職員が参加）
事後調整	巡回相談勤務日誌を作成（相談員）

に提出して,それが保育者に送付されます。

　事前に相談員には依頼書が送付されますが,そこには子どもの障害に関する内容,医療育歴,家庭状況,子どもの発達の状況,保育の状況,相談事項などが記されています。相談員はそれを念頭においたうえで園に行きます。そのうえで,最近の子どもと保育の状況について聴き取りを行い,保育場面の行動観察と発達検査を行います。これらの情報をもとに子どもの障害や発達の状況,そして保育の状況についてアセスメントを行い,保育に即した助言を行います。

　この巡回相談には以下のような特徴があります。

　保護者,保育園職員,行政,関係専門機関など関係者にオープンに開かれています。相談は保護者の同意のもとで相談日が決められます。関係するすべての人たちが相談の申し込みから終了まで了解して実施されます。カンファレンスには,園のできるだけ多くの職員が参加し,開かれた場で話しあうことを心がけています。

　この相談は,保育者中心の相談であることを重視します。保育者がみずから問題意識を感じて取り組もうとする気持ちを尊重し,相談員の助言の内容は保育者の主訴に応えることを中心にします。また,助言を伝えるときには,保育の状況や園の置かれた状況,保育者の置かれた状況やそれまでの経験などをできるだけ考慮します。

　関係者の参加と納得の過程を重視します。アセスメントの結果や助言を伝えるだけではなく,その過程に関係者が参加して納得できるようにします。たとえば発達検査の場面には担任保育者などの同席を求めます。同席した保育者は検査場面の子どもの姿に,「こんなことが分かっていなかったのか」とか,逆に「こんなことができるのか」と驚いたり新たな発見をして,このことが,実感をもってアセスメントや助言を理解することになります。また,カンファレンスではだれにも理解しやすいように,アセスメントの結果を一般的な子どもの発達の筋道や保育場面での具体的な行動に関連づけて説明します。

　このようなスタイルと特徴は,一人の障害児に1年に1回か2回,1日一人の障害児に関して相談するという現実的な制約のなかで,最大限に有効に保育

を支援しようという取り組みのなかで作られてきたものです。

5-2 保育の進行段階に応じた支援を行ったコンサルテーション

　ここで取り上げるのは，ある自治体の公立保育園での巡回相談です。そこでは，1976年に全園全入方式で障害児保育が制度化され，同時に巡回相談も開始され現在まで続いています（筆者は82年から巡回相談員を務め，市の研修の講師なども務めてきています）。障害児保育に関する研修も豊富で，保育者にとって障害児保育は身近なものです。この園長は制度の草創期から職員組合や行政の障害児保育に関する研究や研修で中心的な役割を果たしてきた保育者で，積極的に巡回相談を利用しています。また園の職員全体も巡回相談に対する親近感や信頼感を持っています。

　このように，相談員は園から好意的に受け入れられ参入の障壁がありません。しかも，スケジュールなどの一連の手続きが定着しています。また，市には地域の障害児の療育について総合的なケアを行う療育センターがあり，障害に対する専門的な療育や，家族へのサービスはセンターが担っています。したがって，巡回相談は保育に焦点化したコンサルテーションが期待されています。この事例は，自閉性障害児の保育に対して，保育の進行段階に応じて，また，園の職種に応じて保育実践などを支援するコンサルテーションを行ったものです。

5-2-1　相談までの経過

　大輔くんは療育センターで療育を受けたのち，4月に4歳クラスに入園しました。入園に際して，センターは「境界知能で障害は軽い」と園に報告しました。それを受けて園では，特別な保育体制をとる必要はないと判断しました。しかし，大輔くんは入園直後から多動でクラスにとどまることがありませんでした。1週間あまりたって，一人の担任では保育できないと判断して，園全体の人員配置を融通して，中堅の保育者である吉田先生を大輔くん担当とする二人担任体制にしました。同時に，巡回相談の申込みがありました。

この時点で，園長をはじめとして大輔くんに接する職員は，大輔くんの「障害が軽い」という診断に対して疑問をもち，どの程度のどんな障害なのかが理解できず悩んでいました。相談依頼書に記載された相談事項には，「大輔君への対応を考えるために，発達の遅れについて知りたい」，「クラス集団としてどういう働きかけをすればよいのか知りたい」等とありました。緊急に担当をつける体制をとったが，これからどうすればよいのだろうかという気持ちだったと思われます。

5-2-2 初回のコンサルテーション
5月の末に巡回相談を実施しました。
5-2-2-1 子どもと保育の状態をアセスメントする
事前の園からの依頼書にある行動特徴を見ると，大輔くんは自閉性障害の疑いがあり，障害は軽くないと思われました。このような場合，障害について判断することが相談の重要な役割になります。

保育場面の観察での情報の収集

大輔君は視野に入るものに注意が奪われて身体が動くという注意の転動と衝動的な傾向が強いこと，動物などに対する偏った興味が強いこと，頻繁に現実から離れて空想の世界に入る傾向がありました。一方で，吉田先生の呼びかけには振り向き，簡単な指示に応じ，吉田先生がそばにいることによって，落ち着いて課題に取り組む場面がありました。食事や排泄などの生活の流れは理解していました。

新版K式検査での情報の収集

大輔君は例示物と同じものをつくるという場面では不必要な身体の動きが止まって課題に集中して取り組み，視覚的手がかりがあれば落ち着いた行動ができました。しかし検査者がことばで説明しているときや，ことばによって答える課題の時はきわめて落ち着かなくなりました。また，検査者の制止にもかかわらず，検査道具を自分の思い通りに扱おうとする場面が目立ちました。課題が終了しても行動に切れ目がなく，次々と目に入った物を取ろうとしたりして

行動にまとまりがありませんでした。課題の終了時に「できたよ」と人に伝えるしぐさがなく，検査者が「できたね」と褒めても無関心で達成感や喜びを共有することは極めて困難でした。どうしていいかわからなくても身近な人に援助を求めないなど，コミュニケーションの育ちの未熟さが目立ちました。

聞き取りでの情報の収集

大輔くんは園内を走り回るが，自分のクラスが少し分かり，「だめよ」の言葉かけで行動が制止できるようになり，視覚に訴えると理解し，出かけていても戻ってくるようになってきたと先生は語りました。吉田先生は，大輔君の行動について，「多動で理解不能」だった入園初期の状態から，少し理解できる状態になっていました。そして，クラスの保育とは別の大輔君のペースを保障しつつ，クラスのなかに大輔君が位置づくように働きかける保育が行われていました。

これらの情報から，大輔君の発達と障害を，軽度発達遅滞で，言語・社会性の発達の遅れが顕著な自閉性障害の可能性が高いとアセスメントしました。また，保育の状況については，入園後2か月足らずの間に，担任保育者と吉田先生が連携しながら，吉田先生が大輔君に一対一の対応をする状況が作られて，自閉性障害の子どもの受け入れ初期として適切な保育が行われているとアセスメントしました。

5-2-2-2　保育者に助言する

自閉性障害児はかなり共通した経過をたどりながら保育園生活に適応していきます。その途中での保育の着実な成果が，保育者にとっては混乱や保育の失敗や手ごたえのなさと受けとめられることがあります。また，どんな目標をもち，どの程度の期間を目途に保育したらよいかが分からないために，手探りで保育するということがよくみられます。このようなときには保育者は不安が高い状態が続きます。また，自閉性障害児が示す問題行動はかなり共通していますが，その対処について保育者が深刻に悩むのが一般的です。これらのことに関して予防的なガイダンスを行い，見通しを持てるようにすることは自閉性障害児の保育においてはとりわけ有効な支援になります。そこで，自閉性障害児

の発達と保育に関する一般的な知見を考慮しながら，大輔君の発達と障害に関するアセスメントの結果を以下のように説明しました。

言語・社会性の発達では，年齢に不相応な詳細な知識を持つ一方で，その知識を人に伝え合うという人とのコミュニケーションの育ちが未熟であり，その点では，1歳代の育ちを目安にして保育する必要がある。

また，大輔君が不意に部屋をとび出し，園内を探索し，集団活動に参加できないなどの行動特徴は自閉性障害によるものであり，徐々に改善されつつ永続することを伝えました。一般的に自閉性障害児の集団的な活動への参加にはいくつかの過程と長い時間が必要であり，大輔君の場合は先生との関係が形成され，園の環境に慣れ始め，園生活への適応過程に照らして順調であるので，適切に保育されているという判断を伝えました。

5-2-2-3 保育をどのように支援できたか

保育者間の組織化への支援

4歳児クラスは本来一人担任でした。吉田先生を大輔君の担当としたのは，大輔君の状況を園として判断して，職員配置を融通したものでした。それは緊急の対応でしたので，これが妥当なのか再考する必要がありました。巡回相談でのアセスメントの結果は，その判断の参考になりました。結果的に1年間，この体制が続けられました。

クラスをとび出していく大輔君に吉田先生は寄り沿うようについていました。そのような姿は，4歳児クラスにおいては奇異なものであり，吉田先生にはストレスになっていました。このような担当のつき方が適切かどうかを考えるうえでも助言が参考にされました。

相談の有無にかかわらず保育者の配置は変わらなかったかもしれません。しかし相談を受けて，園長や当事者である吉田先生，担任保育者が自分たちの判断についてより深く考えて納得できたと思われます。また，人員配置の問題は園全体の職員にとってきわめて重要な問題です。ましてや常勤職の保育者を一人の子どもの担当につけることは，他のクラスの保育に支障をきたす恐れがあります。したがって職員がこの措置の意味を理解することは重要です。その意

味でも，相談の役割は大きかったと考えられます。

保育実践への支援

相談時のカンファレンスでの相談員の助言は記録されて，職員が回覧するとともに職員会議で確認されました。そのときの記録には，今後の対応として以下のことが記されていました。これは相談員の説明や助言を保育者が解釈した内容ですが，これをもとにそれぞれの保育者なりに保育の手立てを考えました。

> 気持ちを落ち着ける人や場所を作り，抱っこだけでなくことばがけで安定できるように育てる／衝動的で待てないが，他児と一緒のなかで待てるようにしていく／発達がアンバランスである。とくに自我の成長に伴い出てくることばがなく，概念形成の基礎能力は2歳未満である／運動能力も偏りがあり，不器用で，発達がアンバランスである。多様な経験をさせたい／対人関係では困ったときに誰かに援助を求めるようになることで成長していく／保育のなかではできたことを一緒に共感し，そこで行動に区切りを入れてまとまりを作るようにする／4歳児の経験することはできるだけ経験させるなど

これらは保育場面での具体的なHOW−TOに直結するというよりも，どんなことに配慮して保育していくべきか見通しをもって保育するうえで参考になったものと思われます。

担当保育者の保育実践への支援

吉田先生はベテランの保育者です。一度障害児を保育した経験がありますが，多動な自閉性障害児の保育経験はありませんでした。落ちついて保育しているように見えたのですが，この当時は，全く見通しがもてず，大輔君についてまわるだけで精いっぱいだったとのことでした。大輔君の何かを伸ばしてあげたいがどうしていいのか分からないし，自分と二人だけの保育でいいのだろうかと悩んでいました。毎日大輔君に（一対一で）ついていると流されてしまい，自分だけの視点で見るのが怖く，たいへん不安であったとのことでした。

そういうときに大輔君の発達に関して，人との関わりが未熟なことや発達に偏りがあるという説明を受けて，そこを育てることから大切にしようと思ったとのことでした。その後，大輔君に「どっちにする」と意識的に聞いて，自分の気持ちが表現できるようにすることや，保育者や他の子どもたちの名前を意

識させることばかけをしました。その結果，大輔君はしだいに自分でいくつかの玩具から「これ」と選び，友達の名前を理解し友達と関係ができたことで，自分なりの保育の手ごたえを感じたとのことでした。

また，大輔君の育ちの未熟な部分を勉強しようと，1歳代の発達について勉強し，園の1歳児の行動をあらためて観察してみて新鮮な気づきがあったということでした。そういうことを経過して大輔君への対応がいろいろと見えてきました。

相談員の助言をそのまま吉田先生は実践したわけではありませんでした。参考にしながら吉田先生なりに保育の方向性を見いだし，いくつか具体的な保育の方法を見つけていきました。このように，相談員のアセスメントや助言が保育者の解釈をうけながら，大輔君の保育が展開していきました。そのような意味で巡回相談は保育を支援できました。

5-2-3　2回目のコンサルテーション

2回目の巡回相談は11月に実施しました。この時点での相談事項は3点に集約されていました。

第一は，これまでの保育が適切だったのか，大輔君の発達を評価して，今後の保育への助言がほしい，というものです。第二は，クラスにいる時間が長くなり，クラスの子どもとの関わりが生まれたので，集団での活動に参加できるようにはどうしたらよいか助言がほしいというものです。第三は，家庭との協力関係に関するものでした。

そこで，前回と同様なアセスメントを行い，その結果を伝え助言をしました。

5-2-3-1　アセスメントの概要と助言

新版K式検査

前回に比較して，いくつか目立った発達が見られました。とくに言語・社会性領域で大小課題など2歳代前半の課題ができるようになったこと，検査場面全体で，自分の行動を押し通そうとせずに，検査者の指示や援助を受け入れて行動を修正することができるようになっていました。

保育場面の観察

不意にとび出していっても，声をかけられたり，行った先で少し気持ちが満足すれば，吉田先生や，自分の席，友達のいるところを起点にして戻ってくるようになっていました。また，クラス集団の活動に傍らでいながら関心を示すようになりました。友達に手を取られても逃げ出したりせずに，一緒に踊る場面も見られました。

このような情報から，大輔君は園生活での基本的な安心感が形成され，それを土台にしてコミュニケーションや社会性において，きわめて重要な発達がみられること，周囲の友達への関心と関わりが生まれていると判断しました。

そのようなこれまでの保育の成果を確認し，そのうえで，次の課題である友だちとの関わりをつくることに関して助言を行いました。第一は，子ども一人ひとりの個性をふまえ，どんな時間に，だれと，どんな活動をともにできるかを具体的に考えることです。第二は，大輔くんと遊び，大輔くんの世話をすることが，その子どもにとってどういう意味があるかを考えることです。大輔くんとの関わりの様子から，その子ども一人ひとりの保育の課題をつかむことを助言しました。

保育をどのように支援したか

吉田先生には初期の不安はなくなっていました。大輔君の着実な発達を実感し，これまでの保育が基本的に適切だったと判断できるようになっていました。したがって，この時点では，より具体的な保育場面で，他の子どもとの関わりをいかに作るかについての参考になる視点やアイデアを提供することによって，保育者が次の段階の保育を展開することを支援しました。

協力と連携への支援

保育がある程度落ち着くとともに，吉田先生は大輔君の発達を可能な限りうながす取り組みをしたいという気持ちが強くなっていました。そうすると，家庭での生活に対する疑問と同時に，家庭への期待が生まれてきました。とくに，園での生活に順調に入れない一つの大きな原因は，大輔君が家で深夜まで起きていること，テレビゲームを長時間することによると思われました。家庭での

生活時間や遊びに関して親と話し合い，今より大輔君の発達に好ましい状況をつくりたいと思うにもかかわらず，母親が話し合いを持ちたがらないことを悩んでいました。

カンファレンスでは，自閉性障害である可能性が高いことをあらためて確認しました。それをふまえて，今後を考えると，親が障害を受容することを支援することが重要であり，保育者と親が話し合う関係をつくるうえでも，障害について共通理解をもつ必要があると判断しました。相談に同行した療育センターのケースワーカーから，親は大輔君の状態を単にことばの発達が遅れているという理解をしていると報告されました。そこで，母親だけでなく父親も含めて，園での大輔君の状態を良く知ってもらうために園に来る機会をつくることを助言しました。また，ケースワーカーを介してセンターの医師に再診を要請することにしました。

その後，大輔君はセンターの医師から非定型自閉症と診断され，大輔君に関わる関係者が話し合い協力する前提が明確になりました。

また，吉田先生が3か月後に長期の休暇に入るため，担当をはずれることが伝えられました。大輔くんにとって，吉田先生が心理的な安定の基盤であり，先生が休みの日は不安定になることから，新しい担当への移行に向けて準備をすることを助言しました。

5-2-4 3回目のコンサルテーション

3回目の相談は，5歳児クラスの7月に実施しました。4歳児クラスのときのクラス担任だった中野先生が大輔君の担当になり，新たなクラス担任との二人の担任体制になりました。中野先生に担当が替わったことと，大輔君が順調に発達した結果，行動が活発になり，新たな保育上の問題が生まれていました。

主な相談事項は，分かっていてわざと指示を聞かなかったり，人の嫌がるようなことをするようになって，どのように対応したらよいか悩んでいるということでした。

5-2-4-1 アセスメントの概要と保育への支援

　発達検査では，課題ができたときに達成感が見られ，行動に区切りがつき，一緒に課題を共有しているという実感をもてるようになっていました。全体に順調に発達するとともに，形の弁別課題などでは極めて巧みで情報処理が早いという特徴が際立ってきました。言語能力が発達しながら奇異な行動によって周囲を混乱させる高機能の自閉性障害の子どもによく見られる行動を示しました。

　保育場面の観察では，クラスのみんなが園庭で遊ぶ場面になり，中野先生が外で遊ぼうと促しても「いやだ」と言い，繰り返し説得しても受け入れないという姿が見られました。

　相談主訴について，限られた観察時間だけで理解することは困難だと考え，毎月の個人記録表（Ａ４用紙１枚に，健康，生活，言語，遊びなどの領域ごとの状況と保育のねらい，保育の効果と反省を記録したもの）を見せてもらい関連する記述を整理しました。

　そこには，わざと嫌いなものをテーブルにこぼす，「ちょーだい」などの要求語が多くなった，奇声をあげて怒り相手の反応を楽しむ，わざと唾をはいたり引っ掻いて反応を楽しむ（４月），「イヤダ，シナイ」などの拒否が多くなる（５月），男児が世話をしようとすると拒否する（６月）などの記述がありました。それに対して，無理強いせずにいかに促すか，中野先生の苦悩と工夫の様子が記されてありました。

　さらに中野先生からの聞きとりでは，大輔君は１年間，吉田先生との強い心のつながりがつくられたが，担当が替わり，大輔君は自分のことを試しているように感じて保育に自信がもてないという気持ちが語られました。

　このような情報を総合すると，大輔君への担当保育者の関わり方についてあらためて整理することが必要な状況であることが分かりました。

　それまで中野先生はいつも大輔君に密着していました。しかし，ことばの指示がかなり理解でき，園の生活に十分に慣れて自分の判断で行動できる範囲が広くなっているので，抱いたりすることを少なくして，距離をおいてことばで

援助するようにと助言しました。また，大輔君の挑発的な行動に対しては，一般的に自閉性障害の場合，それにいちいち応じて制止したり説得することは有効ではなく，必要なことは淡々と行うことが好ましいと考えられていることを伝えました。それと同時に人と楽しく遊べることを確実に教えていくことが重要であると助言しました。

5-2-4-2　どのように保育を支援したか

中野先生は，この当時，毎日どうしようかと顔を引きつらせながら保育し，家に帰っても悩んでいたと言います。相談員から，少し大輔君と距離をおくことと，自分が大輔君に接する様子を子どもが見ていることを指摘されて，関わり方を変えることができたといいます。大輔君が基本的に安心して生活することがまず重要で，強引に働きかけることは好ましくない問題を生むということを念頭において保育するようにしたということでした。

その後，しだいに，他の子どもと大輔君も自然に関われる場面がふえて，拒否的な言い方や，いざこざは目立たなくなっていきました。

このように，大輔君の発達に相応した担当保育者の関わり方について整理することによって，担当保育者の心理的な負担を軽減し，同時に，大輔君とクラスの子どもたちの関わりを改善することにつながりました。

5-2-5　4回目のコンサルテーション

卒園を間近に控えた1月に，4回目の相談を実施しました。このときは園から切実な相談ニーズはとくにありませんでした。これまでの保育と相談の成果を確認する話し合いとして訪問しました。

5-2-5-1　保育の成果を確認する

発達検査では，数，大小（長短，薄厚）のような概念の理解が芽生え，言語の理解が著しく発達し，さらに視知覚的な認知では，一部で極めて高い能力を示しました。自由遊び場面では，大輔君の遊びに子どもたちが参加して一緒に楽しい雰囲気で自然にかかわっている姿が印象的でした。とくに描画能力が短期間で上達して，大輔君の描いた動物の絵をクラスの子どもたちが高く評価し

ている場面がみられました。最近の状況の聞き取りや保育記録からをみると，2学期には，子どもだけの自由遊びのときにも自然に一緒に遊び，また，保育者が教えるよりも，子どもたちに誘われて三輪車が上手に乗れるようになるなどのエピソードが数多く見られました。これらを総合して，自閉性障害の子どもの統合保育としては，成果の大きい実践であったという評価を伝えました。

5-2-5-2 就学へ向けての支援

大輔君は心障学級への入学が決まっていました。大輔君のような自閉性障害の子どもは最初の場面では混乱して誤解されることがよくあります。保育園で大輔君が発揮した力や，友だちとの豊かな関わりがあったことを学校でも理解されれば，大輔君の学校生活はより豊かなものになると考えられました。そこで，親と相談しながら，保育園での大輔君の状況を学校に伝えることを検討するように助言しました。

また，大輔君の将来を考えると，家族が大輔君の障害について適切に理解し，専門的な援助を受け，支え合える仲間をもつことが必要であり，そのような観点から自閉症の親の会への参加をすすめるように助言しました。

しかし，依然として園は家庭と大輔君のことについて率直に話し合う関係が築けない状態でした。自閉性障害の診断についても，家族はそのことを十分理解して受け入れているようにはみえないと園は判断していました。そこでセンターのケースワーカーから家族に話しをするように依頼しました。しかし，ケースワーカーは，家族に相談ニーズがないので，話し合いを持つことは困難であると判断しました。

そこで，家族が自閉症の親の会などに接近する機会をつくることになればと考えて，大輔君の絵を自閉症協会の作品展に応募することを薦めました。大輔君の絵は誰もが認める魅力的なものでしたので，保育者も賛成し，親もそれを肯定的に受け入れてくれました。

5-2-6 保育のニーズに応じたコンサルテーション

保育園における統合保育は，比較的諸条件に恵まれていることは先に述べま

した。この事例では，園内で人員の調整をできる融通性があり，職員間での話し合いや協力体制もありました。さらに地域の専門療育機関が保育園を支援する態勢もありました。このように極めて条件に恵まれているにもかかわらず，保育者の悩みは大きく，強いストレスを感じた時期がありました。

この相談では，保育者のストレスを軽減すると同時に保育への意欲を高め，より適切な保育を実現することを支援できました。そのことが，大輔君の保育園での2年間が，発達の保障という視点からも，また，園の生活への参加という視点からも極めて高い水準で実現できたことの一助になったと考えられます。

この事例のように保育実践への支援を目的とする相談においては，子どもの障害と発達について的確にアセスメントし，それを保育に即して保育者に分かりやすく提示することが相談のもっとも中核的な部分です。とりわけ初回の相談におけるアセスメントにおいて，そのことが重要でした。

子どもの発達と障害に関して園の全体の保育者が共通に的確な認識をもつという土台を作り，そのうえにきめ細かく保育者のニーズに応じた相談を行うことになります。

以下に，保育者にニーズに応じたコンサルテーションをいかに実現するかという視点からこの相談を整理してみます。

5-2-6-1 保育の進行段階に応じてニーズを把握する

表5-2は，4回のコンサルテーションについて，それぞれの時点の保育者の相談ニーズと，アセスメント・助言，そして支援の成果を整理したものです。

この2年間にわたるコンサルテーションの経過を相談ニーズという視点からみると，いくつかの時期に分けることができます。

まず，受け入れ期があります。どういう事例でも一般的に初期の保育をどうするかに関する悩みや困難は大きく，相談ニーズの高い時期です。この事例では，診断への疑義や，担当保育者のつきかたなどに関する切実な相談ニーズがありました。

次に形成・発展期と呼ぶべき時期がきます。初期の不安定な時期を経て，一定の安定した保育ができて，その土台の上に次の課題を目標に保育する時期で

表 5-2 統合保育の進行段階とコンサルテーションによる支援

保育の段階	標準的な支援ニーズ	この事例での支援ニーズ	この事例でのコンサルテーションの実際	この事例での支援の成果
受け入れ期（子どもの心理的な安定の確保）	以下のような事項に関して知りたい（子どもの発達と障害の特徴について・障害に関する配慮・問題行動の意味や対処法・担当や担任が子どもとどのように関わり関係をつくればよいか・所属クラスや保育者の体制を決めるうえで配慮すべきこと）	以下のような事項に関して知りたい発達と障害の程度（園長，担当保育者）保育での対応において配慮すべきこと（担当保育者）今の保育が適切かどうか（担当保育者）担当を一人つける判断が適切かどうか（園長）園庭や廊下などでの関わり方や言葉かけなどどのようにしたらよいか（他クラス保育者）	発達と障害のアセスメントを行い，自閉性障害の可能性があることについて説明した（全職員）保育をアセスメントして，適切な保育が行われていることを確認した（担当，担任，園長）今後の子どもの発達と保育の見通しについて説明した（担当，担任，園長）これから，保育のなかで何を育てることが目標になるかについて説明した（担当，担任，園長）	担当保育者が見通しをもって保育し，その不安を軽減した担当保育者が保育の具体的な目標を見出した園長が職員体制について納得した判断ができた他の職員は，自分がどのような関わりをすることがよいのか知ることができた
形成，発展期（統合保育の課題に取組む）	以下のようなことに関する具体的な助言がほしい（生活習慣の形成と定着に関して・ことばや遊びをいかに育てるか・他の子どもとの関わりをつくるにはどうしたら良いか・家庭と連携をすすめるにはどうしたらよいかなど）危険，自傷，常同行動などがある場合には，その対処法を知りたい	これまでの保育が適切だったか評価してほしい（担当保育者，園長）友だちとの関わりをつくるにはどういう保育が必要なのか知りたい（担当保育者）家庭との協力関係をつくりたい（担当保育者）自分のクラスに来たときの対応を知りたい（他クラス保育者）	アセスメントを行い，子どもが順調に発達していることを確認した（担当，園長）どの子どもがどのようなときにどのような関わりを大輔くんとしているか整理し，友だち関係の形成に関する目標と見通しを提示した（担当）障害の明確化を行うために医師の再診を勧告し，家庭との関係の形成の基盤をつくった（担当，園長）	園長，担当保育者が安心して保育できることを可能にした友だち関係について過大な期待ではなく適切な目標をもつことを可能にした家庭との関係の形成への一歩をふみだした

充実期 (統合保育の成果をより豊かなものにする)	それまでの保育の成果を確認しながら、問題があれば保育を微調整し、子どもが園やクラスの活動に楽しく参加し、園生活を生き生きと過ごすにはどうしたら良いか助言がほしい 子どもの発達の確認をしたい	新たな担当保育者との関係の形成をいかにつくるか知りたい(担当保育者) 新たな問題行動(分かっていてふざけるなど)への対処をどうしたらよいか知りたい(担当保育者)	アセスメントを行い、順調に発達していることを確認した(園長、担当) 担当保育者の大輔君との関わり方について助言した(担当) 大輔君の絵に関する優れた能力を活かした友だちとの関係作りを助言(担当)	担当保育者が大輔君との関わり方を考える視点を提供し、担当保育者の気持ちが落ち着いた 大輔君と子どもたちの関わりが広がった
終結期 (成果を確認する)	これまでの保育をふりかえり、努力と意義を評価してほしい 学校や学童保育へ円滑につなげたい	就学後も保育の成果を活かしてほしい(園長、担当保育者)	2年間の統合保育の成果を確認した(全職員) 家庭との関係構築に向けてケースワーカーへ働きかけ、作品展への出展を勧めて、絵の指導をした(担当、園長)	家庭との関係の形成が少し進んだ 就学後も、適切な養育が行われることへの一助となった

す。一般的にはこの時期には、ことばを育てる、遊びを育てる、友だちとの関わりを豊かにする、家庭との関係をつくるなどの課題が設定されます。この事例の2回目の相談では、相談ニーズは「子どもとの関わり」をつくることが中心でした。

　次に、充実期になります。この時期は設定された課題がある程度達成されて、保育の達成感、充実感を保育者が感じている時期です。そのように達成した保育を評価し確認するというニーズが中心になります。この事例では3回目が本来、この時期にあたるはずでしたが、担当保育者が交代したために、再度、受け入れ期に類似した相談ニーズがありました。

　最後に終結期です。卒園は保育の終了を意味しています。その時点で、たとえ十分ではないにしても、保育を総括することになります。この事例では、保育の成果を就学後にも継続できる手立てが模索されました。

　コンサルテーションはこういう時期ごとの相談ニーズに応じてタイムリーに

行われるほど，その支援は有効になります。相談員は，このような一般的な保育の展開を念頭におきながら，相談事例においてはどのような保育の展開があり，実際のコンサルテーションの時点で，どのような相談ニーズがあるかを見極めることになります。

5-2-6-2　生起するイベントに応じてニーズを把握する

　順序性があり予期できる大きな保育の展開とは別に，さまざまな突発的な事件や，予定される行事などがあります。それらは，一定の安定した保育と子どもの状態を乱す危機になることがある反面，そのことが子どもの発達を促す契機にもなります。

　大輔君の場合は最初の担当保育者が長期休暇に入り，担当が変わるということが最大のイベントでした。この事態を想定して準備をしましたが，しばらく大輔君も保育者も混乱しました。

　一般的に予期できるイベントとしては運動会などの行事，夏の期間のプールと保育体制の変更などがあります。予期できないイベントとしては，親しい子どもの退園などがあります。

　このようなイベントは，障害児にとってはひときわ重大なストレスになります。そういう情報について把握しながら想定される事態に対処するような支援を行うことが必要です。一方で，運動会やプールをきっかけにして，活動の幅が広がり，園生活への意欲が高まることもあります。障害児の状況に即してイベントを積極的に活かすような助言を行うことは，保育者の意欲を高める支援になります。

5-2-6-3　職種に応じてニーズを把握する

　一般的には，担任保育者は毎日，時々刻々の保育の対応に関して悩み，具体的な保育につながる支援を切実に求める傾向があります。とくに，担任保育者の個人的な力量不足や対応の誤りによって，現在の保育の困難や問題があるという考えを保育者が持っているときには，性急に対処療法的な解決を求める傾向が出てきます。それに対して，その子どもの保育は決して担任だけの責任ではなく，園全体の問題であるということを確認しつつ相談を行うという姿勢が

重要です。

　助言がすぐに役に立つということだけに過度にとらわれずにやや長期的で多面的な見方をできるような支援を行う方がかえって担任や担当保育者を支援するうえで有効です。この事例では，主に担当保育者が大輔君の保育に責任をもつ立場でしたが，幸い，当初から園全体で大輔君を保育するという体制ができていました。そのため，カンファレンスでも子どもの保育を考えるうえでの原点に立って，長期的で多面的な視点から話し合うことができました。

　園長や主任の役割は担任や担当とは異なります。一つは，担任保育者の喜びや困難に共感しつつ支えることです。また，園全体の人的な配置や運営に配慮して適切な判断を下すことです。この事例では，園内のやりくりで担当保育者を大輔君に配置しました。このような判断が適切かどうかを考えるための的確な助言を提供することがこの相談の隠れたニーズでした。また，一般的には保護者との調整や外部の専門機関などとの関係では通常，園長が責任を負ったり，実際の窓口になります。したがって，園長に対しては，どのようなことについて，どの専門機関と連携を取るべきかなどの助言をすることが期待されます。この事例では，基本的には園長の判断のもとで保護者との話し合いや，自閉症協会の作品展への出展がすすめられました。

　他クラスの保育者や看護婦などは，それほど頻繁には当該児に関わりをもつわけではありません。おそらく最も重要なことは，担任や担当保育者の保育を理解し，それを支持することです。そのためには，たとえば，ちょっと遠くから見ただけでは誤解されかねない担任保育者の保育の意味を適切に理解することが求められます。そうした理解の上にたって，ときには自分のクラスにきた当該児を一時的に保育したり，所属クラスに戻したり，適切な判断ができます。カンファレンスの場では，相談員はそのような園内の協力がつくられるような助言を行います。

6 保育園のサポートシステムを構築した
コンサルテーション
―保育園における事例(2)―

　クラスを一人で担任しているといっても、担任保育者が一人で保育に取り組んでいるわけではない、というのは当たり前のことです。最近では、園と保護者と地域の連携が重視されてきてもいます。しかしながら、障害を持った子どもを保育する場合、そして、特に常勤にしろ非常勤にしろ障害児への職員加配がなされている場合には、担当や担任保育者が孤軍奮闘してしまう場合が多いようです。

　障害を持った子どもを園に受け入れた場合、保育者は、さまざまな取り組みを考えます。統合保育の実践を積み上げてきた結果、保育者だけでも保育のポイントを整理し、実践できる園も増えてきました。しかし、園内だけでは「この子の状態をどう考えればよいのか」「どう働きかければ良いのか」という悩みが整理しきれず、園外からの支援を求めて、巡回発達相談への依頼がなされることがあります。たとえば、重い障害を抱えている子どもを前にして、自分の力量に自信をなくし、保育の可能性が見えなくなり、時には「本当に園で過ごすことがこの子にとって一番良いことなのか？」という問いかけがなされることがあります。

　保育とは、さまざまな人に支えられて成立する営みであり、特に障害を持った子どもの保育においては、園内・園外を問わず、多様な立場や専門の人々によるサポートが不可欠です。担当保育者と担任保育者の連携はもちろんのこと、園内の保育者集団全体の連携、家庭との連携、園外の専門機関との連携などが

なされないと，担当・担任保育者が本来持っている力量が十分に発揮されません。本章では，重い障害を持つゆうじくん（仮名）の相談事例を，保育者が何に支えられたのかに注目して整理して，担当・担任保育者を支援する体制づくりという視点からコンサルテーションの検討を行います。

6-1　初回巡回相談にむけての相談員の準備作業

　巡回相談は，相談当日以前から始まります。相談員には，事前に資料（相談依頼書など）が届いています。相談歴が長くなってくると，該当園での相談活動も2回目・3回目というところもでてきて，園の保育の特徴や保育者集団の特徴を把握できています。これらの情報をもとに，相談員は事前に相談活動のポイントをおぼろげながらも考えます。

6-1-1　相談希望事項から相談ニーズを推測する

　相談員は，園から提出された相談依頼書（ゆうじくんが入園して5か月後，2歳1か月時点で作成）を手にして，まず相談事項の欄を見ました。ゆうじくんの相談事項欄には，「食べる意欲や咀嚼を促す手だて，指しゃぶりやうなり声・突然の笑いの意味，言語を引き出すための効果的な方法，クラス全体の動きにどこまで入れていけばよいのか，いやがることをどこまで誘ってよいのか，家庭との連携の仕方」などあらゆる領域にまたがる事柄が書かれ，相談ニーズが非常に高いことがうかがわれました。

6-1-2　生育歴情報・療育情報から保護者や園を支える諸機関の有無を把握する

　同じく資料には，生育歴情報，専門機関への関わり情報も記されています。ゆうじくんの場合，早期破水・吸引による出生，生後3か月でミルクアレルギーで1週間入院（入園時点では，食材に対する制限なし），首すわり10か月，おすわり12か月，ハイハイ1歳2か月，2歳1か月時点で未歩行・有意味語なし，

と出生時点からリスクが高く，生活年齢に照らして発達上の遅れがありそうだと思われました。そうした遅れを心配して，いくつもの検査を受けてきたものの，検査結果には異常はなかったようです。運動面の育ちを促すためのリハビリを8か月から受けていたようですが，それも入園後半年で終了となっていました。この時点では未歩行ですので，なぜリハビリが終了となったのかについて，巡回当日に園に確認する必要を感じました。先の相談事項の多さを考え合わせると，定期的な療育の場がなくなったということは，保育者を一層困惑させているのではないかと推測しました。

6-1-3　対象園との関わり経験から相談員の役割を想定する

　相談員は，この事例以前に，対象園で2度の相談活動を行った経験がありました。その過程で，統合保育を進めていく上で，非常に柔軟な取り組みのできる園という印象を持ち，保育者集団がしっかりと形成されているとも感じていました。したがって，保育者の困惑の度合いが高く，相談員としても心配な事例となりそうだと思う一方，発達像と保育上のポイントを適切に提示できれば，保育者の混乱は整理されて柔軟な保育の取り組みがなされるだろう，という期待も持つことができました。

6-2　サポートシステム構築の経過

　卒園までの4年半に及ぶ保育経過をサポートシステムという点から整理すると，大きく5期に分けることができます。

6-2-1　Ⅰ期（入園後半年程度）：園内調整の時期

　ゆうじくんは，母の勤務復帰のため，年度途中の11月に1歳7か月で入園しました。巡回相談希望が出され，相談員が園を訪問したのが翌年の5月ですから，入園後半年間は，園内での調整を試みていたことになります。

第2部　発達臨床コンサルテーションの実際

6-2-1-1　入園当初の状況（1歳7か月）

　本来なら1歳児クラス所属ですが，入園説明の面談の場で，歩行ができないことが確認され，保護者と園長・主任を含めた保育者との話し合いの結果，その場で0歳児クラス所属が決まりました。言語面では，喃語もなく，うなり声（2，3か月児のような喉の奥からの発声）や奇声が発せられる程度でした。風に対してとても敏感に反応し，屋外にでた際に少しでも風が吹くといやがり，激しく泣いていました。食事は全面介助でしたが，はじめのうちは，そもそも食べ物を全く口にしませんでした。食べ物を温めれば少しは口にするものの，その温め方も難しかったようです。たとえば，牛乳なども人肌ぐらいの温度でないと飲むことができず，それより温かすぎても冷たくてもだめでした。こうした食事への対応が，保育者としてはとても大変だったようです。この時期，自治体からの障害児等担当者の加配は受けていませんが，園内調整により，本児が本来所属する予定の1歳児クラスの保育者が1名，0歳児クラス担当に加わりました。

6-2-1-2　入園翌年の1～4月：園外からのサポートの必要性を感じ始めた時期
　　　　　（1歳10か月～2歳1か月）

　新年度を迎えるにあたって，保育者たちには二つの迷いがあったといいます。
　第一点は，所属クラスをどこにするかという点です。本来なら4月から2歳児クラス所属となるのですが，未歩行のため，2歳児クラスでは対応できないと考えました。保育者が十分に手をかけられることを考えると0歳児クラスが妥当と思われましたが，生活リズムや言語的・物的保育環境の点で，保育者には迷いがありました。そこで，1月頃からクラス担任間で話し合いを始め，保護者の希望を聞いた上で，園長・主任を含めた話し合いを行い，1歳児クラスへ移行することとなりました。
　第二点として，ゆうじくんへの対応の仕方に戸惑いや行き詰まりを感じるようになってきました。保育者は，食事の介助や発声の促し方というような点について，今までのやり方でよいのだろうかと悩み始めました。第一の点については，園内調整で対応することができましたが，二点目については方向性が見

えず，園全体として専門機関との連携の必要性を感じ始めました。

6-2-2 Ⅱ期（入園2年目）：園と保護者との信頼関係の確立および専門機関からの支援の開始

6-2-2-1 巡回発達相談による支援開始（2歳2か月）

　ゆうじくんは，5月の連休明けに初めての自立歩行を園で行いました。保護者はとても喜び，これが契機となって，保護者と園との信頼関係が深まったように保育者には思われました。歩けたことにより（専門機関では「歩行ができるようになる見込みは少ない」と言われ，リハビリがうち切られたそうです），子どもの成長への保護者の期待が膨らみました。そこで，保育者は，「自治体の発達相談を受けて，専門家からの助言を参考にしつつ今後の保育方針を立てたい」と保護者に伝え，承諾を得ることができました。

　5月末の相談当日の朝，顔なじみの主任から，「今まで担当してきた障害児等とは異なる」という感想が語られました。こうした困惑の高さにどう対応できるか，と考えつつ，午前中は保育観察や発達検査を実施しました。その結果，感覚面に弱さを抱え，ものを持つこと，触られること，冷たい食べ物などが苦手で敏感に反応するために，ものや人との関わりが持ちにくくなっているという状況がわかりました。給食時の観察からは，咀嚼が上手にできなくて，噛むというよりも飲み込んでいるという状態も確認できました。そこで，午後のカンファレンスでは，こうした点を指摘すると共に，一対一の取り組みを多く持って信頼関係を築いた上で，触られる感触に慣れるために頬や口の周りをたくさん触るようにしたり，くすぐったり高い高いをするなどの全身への関わりが大切であると助言しました。また，咀嚼力を育てるためには，離乳食初期の調理状態へ戻すことを考えてよいかもしれないと伝えました。加えて，保護者にも子育て上のサポートをしてくれる機関が必要と考え，地域の保健センターを紹介しました。

　さらに，「何か質問などあれば保育課を連絡窓口として相談してくれれば，できる範囲で対応する」という旨を伝えました（保育上の配慮点などを記した巡

回相談の報告書は，保育課を通して後日園に送られます）。この点については，巡回相談翌日に反応があり，栄養士からの「食事を離乳食の初期状態に戻してはといわれたが，それは調理形態だけのことなのか，量的にもなのか」という質問が寄せられました。相談員としては，ことば不足を反省すると同時に，当該園では，保育者のみでなく他職種も連携して保育にあたっていることを確認できた気がしました。なお，密な関わりの必要性を記した報告書に基づいて，統合保育に関わる経費支弁が自治体より認可されました。

6-2-2-2　保健センターによる支援（2歳7か月に両親のみで相談，2歳9か月と2歳11か月に保育者も同行）

保健センターで発達相談を受けるのは保護者ですが，相談員は，保育者の同行を巡回相談時に薦めていました。保育者は，保護者に保健センターに相談に行くようにすすめると共に，相談日時が決まると同行を申し出て，保護者の同意を得ました。このことにより，保育者も子どもの状態や課題を随時聞くことができ，保育方針を立てる参考になったようです。

6-2-2-3　相談員のフォロー：2回目の訪問（2歳8か月）

1回目の巡回相談後5か月ほどして，ゆうじくんの保護者から相談員に電話相談が入りました。「食事の取り方のことが心配だが，紹介された保健センターに行っても何も指導がなかったので，どうしたらよいか」という内容でした。そこで，相談員は，保健センターの関係者と電話でやりとりした後，保護者に「保健センターの担当者には食事面での指導を依頼したが，親御さんの方からも，次回の相談の際に食事の心配を伝えてほしいこと，および，もし必要であれば遠方ではあるが，摂食指導の専門機関を紹介できること」を伝えました。一方で，園に電話を入れて保護者から電話相談があったことを伝えると共に，近況をたずねました。その際，「保護者から信頼されてうれしい反面，園では専門的なことはできないと限界を感じている」との戸惑いが語られたので，園を再訪問することとしました。

再訪問時の観察からは，保育者の戸惑いとは裏腹に，相談員には予想以上に本児が成長していると感じられました。視線をあわせるようになり，自分から

保育者に顔を近づけて頬ずりするような動作までするようになっていました。こうした成長点を伝えると、「毎日接していると気がつかないが、いわれてみれば大きな成長を実感する」とのことでした。この他、進級についての助言を求められたので、1歳児・2歳児いずれの方がゆうじくんにとって落ち着け、保育者がじっくりとかかわれるクラスなのかを検討して決めてはと助言しました。そして、改めて一対一での丁寧な関わりの必要性を確認し、担当制をとることをすすめました。これはすぐに1週間交代の担当制として実施に移されました。

6-2-3　Ⅲ期（入園3年目）：ゆうじくんと保育者との関係確立，園外諸機関からの多様な支援

6-2-3-1　固定的担当制の採用（3歳1か月から）

　園では、2度目の進級の時期にあたり、再び保育者間や保護者と保育者との間で話し合いがもたれ、1歳児クラスにとどまることになりました。なお、相談員の2回目の訪問以降、クラス担任全員による1週間交代の担当制をとっていましたが、担当が一人に決まった方がより一層の信頼関係が築けると園内で検討して、固定的担当制をとることとしました。この背景には、歩行開始後のゆうじくんの多動傾向が収まり、保育者の身体的負担が少なくなったとの判断がありました。担当保育者は当時保育歴5年で、園内において中堅でした。担任としての障害児保育の経験はありませんでしたが、縦割り保育のなかでの経験はありました。担当保育者は、自分が休みでもゆうじくんの状態や働きかけのポイントが他の保育者にわかるようにと、「今日はこんなことができるようになった」「（保育者が）こうやったら、（ゆうじくんは）こうできた」等を常時伝えるようにしたそうです。また、ゆうじくんが何かできると多くの保育者にそのことを伝え、一緒に喜んでもらっていたようです。

6-2-3-2　療育園で摂食指導を受ける（3歳2か月と3歳4か月）

　保健センターは3歳未満児までが対象なので、保健センターはその後の相談機関として療育園を紹介し、特に摂食指導を受けることになりました。摂食指

導には，保護者に加えて，担当保育者や栄養士も参加しました。家庭で作ってきた食事を保護者がその場で子どもに食べさせて指導を受けるというシステムだったので，家庭での離乳食の状況を実際に見ることができて，保育者には非常に参考になったようです。また，食事の与え方を段階を追って知ることもできて，食事指導の方針を立てる上での大きな支援になったと保育者は振り返っています。

6-2-3-3 相談員の3回目の訪問（3歳7か月）

初回の訪問時から約1年半後の巡回相談で，本児の保育がうまく進んでいることを確認しました。さらに，相談員は，入園時と比較して保護者が本児を障害という側面で受容することに抵抗が少なくなったことを保育者から聞きました。そこで，各種福祉手当の申請が児童相談所と福祉事務所で行えることを保護者へ伝えてはと保育者に助言しました。安定しているとは言えない生活面に役立つと判断したからです。保育者は直ちに保護者に伝え，福祉手当申請の手続きが取られました。

6-2-4 Ⅳ期（入園4年目）：園内のサポートシステムの活性化

6-2-4-1 他クラス保育者・他父母からの支援（4歳1か月から）

「アー」と言っていたゆうじくんの発声が，「アダ」「アイ」などのように2音節になってきました。ものがほしいときに「イー」「イー」という特定の発声も聞かれはじめました。興味深く友だちの行動をみたり，友だちに笑いかけることもみられるようになり，表情が豊かになりました。自分のほしいおもちゃを友だちが持っていると，追いかけることもみられ始め，さらには，他クラスの保育者や他児の父母に対しても，自分から近寄って笑いかけるなど，人との関係が拡がりました。

この時期，保育者は保護者を父母会の役員に誘っています。保護者が，他父母の中に入っていったことも，ゆうじくんの対人関係の拡がりを支えたといえるでしょう。父母会の他の役員も，ゆうじくんの保護者を暖かく迎えてくれたようです。

食事面では，冷たいものを何でも食べられるようになり，手づかみ食べなら自分の口に運べるようになりました。普通食を食べられるほど咀嚼も上手になり，コップから水分を飲めるようにもなりました。散歩も遠くまで歩き，走ることもできてくるなど，体力もずいぶんついてきました。保育者は，以上の状態を考慮し，新年度には2歳児クラスに進級させることとしました。

6-2-4-2　固定的担当制の見直し（4歳3か月から）

1年2か月にわたる固定的担当制により，保育者との間に築かれた親密な関係を基にして，ゆうじくんのものや人との関わりは拡がりを増しました。そうした成長を園全体が実感し始めた頃，担当保育者が産休そして育休をとることになりました。そこで園内で検討の結果，これを機会に，1年を通しての固定的担当制から，1か月交代の担当制へと移行させることになりました。ゆうじくんは，すでに多様な人々と関係をとれるようになっていたこともあり，特に混乱はなかったようです。

6-2-5　V期（入園5年目から卒園まで）：就学および就学後に向けて新たなサポートシステム作り

6-2-5-1　電話での相談（4歳11か月）

園内での保育は順調に進められましたが，園で過ごせる日々もあと1年あまりとなった入園5年目の2月頃から，就学にむけて，保護者が悩み始めたようです（この時期には，ひとり親家庭となっていました）。ゆうじくんの障害の重さにもかかわらず，園からのサポートを受けて，ゆうじくんをしっかり受け止め育ててきた保護者でしたが，それだけに，卒園の不安は大きかったようです。園長・主任を含め保育者たちは，保護者の悩みの相談にのると共に，就学や就学後を視野に入れて相談機関・福祉機関を探し始めました。

こうした園の取り組みのなかで，主任から相談員に電話があり，保護者が就学あるいは就学後に向けて悩み始めたこと，児童相談所の相談予約をとったことが報告され，「他に適切な相談機関はないだろうか」という質問がなされました。相談員としては，「今考えつく限りでは，18歳までの児童を対象として

いること（つまり，就学時点でケアがとぎれない），心理のみでなくケースワーカーなど多様な職種の専門家がいること（家庭全体の生活設計が必要と思われたため）などからは，児童相談所が最適の相談機関であると思われる」ことを伝えました。相談先については，相談員仲間から情報を得て1か所紹介しましたが，結局やはり児童相談所が中心的サポート機関となり，保護者の生活設計も視野に含めて，ゆうじくんの就学相談にのってくれました。

6-2-5-2　相談員の4回目の訪問（5歳4か月）

相談員は，ゆうじくんの園生活最後の年の7月，4回目の訪問をしました。卒園後の養護学校就学および施設入所が方針としてきまり，施設への1回目の体験入所も済ませた後でした。指さしや有意味語はなく，発達検査の結果からは，ものとの関わりは0歳代半ばと思われましたが，滑り台が楽しめるようになったり，手すりを使っての階段の上り下りができるようになっていました。初めての人にも興味を持って近寄ったり，他児が自分の担当の先生に抱かれていると突然泣き出したりすることも見られました。興味のある保育活動（例えば，観劇など）には最後まで参加することも出来始め，生活習慣面においても，ゆうじくんなりに見通しを持って落ち着いて生活できていました。こうした成長点を整理して伝えた後，目の前から隠されたものを探さないという検査場面の様子から推測して，ゆうじくん自らが気に入ったおもちゃを探し出してきて遊ぶということは難しく，常に保育者がものを提示していくことが重要と伝えました。また，先生との親密なつながりを身体全体で楽しむだけでなく，遊びの中にものを組み込んだりすることをすすめました。

6-3　まとめと今後への示唆

本事例のサポートシステムは，入園直後から成立していたわけではありません。各時期にさまざまな人が少しずつ動いて形成してきたと言えます。各時期のサポートシステムの在りようを図式化したのが図6-1です。図を見ると，Ⅰ期は，園内調整が中心で，サポートシステムはまだ園外に開かれていません。

6 保育園のサポートシステムを構築したコンサルテーション

Ⅰ期　入園1年目（0歳児クラス－1歳児クラス初／1：7－2：1）
　　　＜園内調整の時期＞

Ⅱ期　入園2年目（1歳児クラス／2：2－3：0）
　　　＜園と親の信頼関係の確立．巡回相談を契機に専門機関からの支援の開始＞

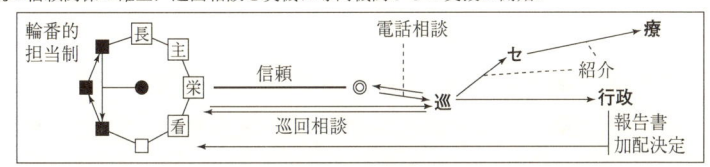

Ⅲ期　入園3年目（1歳児クラス／3：1－4：0）
　　　＜本児と保育者との関係確立．園外諸機関からの多様な支援＞

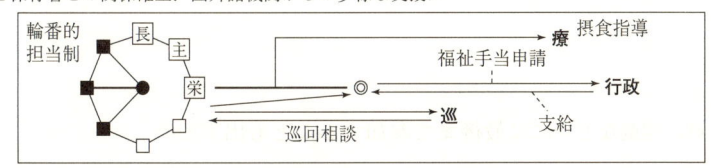

Ⅳ期　入園4年目（2歳児クラス／4：1－4：10）
　　　＜園内のサポートシステムの活性化．本児の対人関係の輪の拡大＞

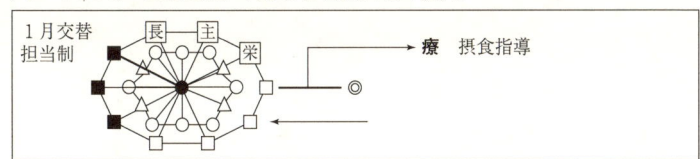

Ⅴ期　入園5年目から卒園まで（2歳児クラス／4：11－）
　　　＜就学及び就学後に向けて新たなサポートシステム作り＞

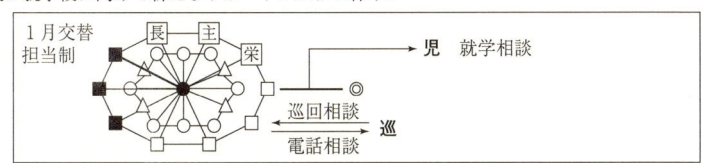

図6-1　保育経過に伴うサポートシステムの変化

●：本児　◎：本児の保護者　○：他児　△：他児の父母
■：担任　□：他クラス保育者　長：園長　主：主任　栄：栄養士　看：看護師
巡：巡回相談員　セ：保健センター　療：療育機関　児：児童相談所

過去の統合保育経験や園内連携をフルに活用して対応した時期です。II期に入り保護者との信頼関係確立を契機にして、巡回相談をはじめ専門機関や行政をも取り込んだサポートシステムが形成されはじめました。保護者が専門機関へ出向く際にも、保育者が同行して保育上の助言を積極的に求めています。III期にはゆうじくんの多動傾向が少なくなってきたことにより、固定的担当制の取り組みが可能となりました。ゆうじくんからの親密な愛情表現がなされ始めます。ゆうじくんが保育者に支えられるのみでなく、保育者がゆうじくんとの信頼関係に支えられるようになったともいえます。IV期には、他児集団、他クラス保育者、さらには他父母の存在もゆうじくんや保護者の対人関係を広げ、園内の人的資源が十二分に活用されました。就学を考え始めるV期には、単に就学先を決めるということに留まらず、家庭の生活設計もふくめて相談にのってくれる機関との連携を求めて保護者も保育者も動くこととなりました。

　本事例は、重い障害を持つ子どもの保育が、園内の多様な職種、および保護者・専門機関・行政などの社会的な支援のもとに成り立つことを示すものであり、サポートシステム形成の一つの成功例といえます。その成功の要因を整理しつつ、相談員としての留意点を考えます。

　第一に、本事例では、園外との連携形成ももちろんですが、園内においても他保育者や他職種の職員が積極的にゆうじくんの保育に取り組みました。巡回相談の助言や専門機関の助言が迅速に実行に移された背景には、園長や主任をはじめとした園全体のバックアップがあったといえます。1年を通して担当となった保育者も「困難な状況を周囲の保育者からの支援で乗り切ることができた」と振り返っています。しかし、こうした支援は、何もしなくて得られるものではありません。担当保育者は、月1回のクラス会議のなかでゆうじくんの状態や目標を文書にして確認するほか、巡回相談後や専門機関に行った後は助言内容を文書化してクラス担任間で話し合いを持つようにしたといいます。会議以外でも、悩んだときには昼休みなどを利用してクラスの保育者や他クラス保育者に相談を持ちかけたそうです。一人で抱え込むのではなく、周囲へ常に発信し続けた担当保育者の努力が支援を引き出す上で、大きな役割を果たした

と言えます。

　一方，園内の支援的雰囲気・協力体制がなければ，担当保育者が発信しても支援にはつながらなかったでしょう。これには，園内保育研究会活動を通して形成されてきた，保育について随時相談できる雰囲気が大きな役割を果たしていたようです。この園では，30年前より園内（系列園を含む）での保育研究会を月1回続けており，年に2回の宿泊しての研究会では，保育計画の検討や模擬保育などを行って互いの保育について討議をしてきていました。相談員としては，バックアップ体制があるかどうかといった保育者集団の特徴に配慮し，ない場合には担当保育者への働きかけのみでなく，保育者集団全体を視野に入れた援助が必要となります。園固有の保育者集団の特徴や園の保育の伝統といったものを知った上での相談活動でなければ，担当保育者が一人で子どもを抱え込み，追いつめられてしまうことも考えられます。

　第二に，今回の事例からは，保育のサポートシステム形成上，保護者が重要な存在であるという点に気づかされます。ゆうじくんの保護者は，巡回相談の申請に同意し，相談員の助言に基づいて専門機関を訪れたのみでなく，専門機関への保育者の同行についても快く受け入れています。また，相談員がサポートシステム形成に参与するきっかけは保護者からの電話相談でした。巡回相談活動においては，保護者の同席なく協議が行われる場合が多く，保護者と園との信頼関係は暗黙の前提になっています。相談員と保護者が顔を合わせることがないことから，家庭との連携は，保育者任せになることが多いようです。しかし，保護者への対応の難しさが語られることが多くなってきた最近の状況を踏まえると，相談員としても意識的に信頼関係のありようを確認したり，保護者と園との信頼関係形成に向けての援助の方向を探る必要があると思います。

　最後に，ゆうじくんの事例における巡回相談員の役割を振り返ると，大きく二つの点をあげることができます。

　一つは，保育者を元気づけ，本来持っている力量，あるいは潜在的に持っていた力量を発揮できるようにしたという役割です。対象園は，元々保育力量のあった園です。入園当初の園内調整をはじめとして，固定的担当制への移行の

決定や父母会役員への誘いなどが，適切な時期に行われています。しかし，ゆうじくんの抱える障害の重さは，こうした保育者たちをも，当初，「自分たちのこんな関わりでよいのだろうか」「もっと適切な機関があるのではないだろうか」と悩ませました。ゆっくりですが，着実なゆうじくんの育ちがなかなか実感できなかったようです。そうした中にあって，相談員と共にゆうじくんの育ちを確認する作業は，それまでの保育の取り組みを評価することへとつながり，保育者に正当な自信を持たせました。さらに，次の育ちの見通しを相談員に提示されることは，保育者同士による保育の検討に方向性を与えたようです。

　二つ目は，相談開始以前に準備されていた園内の支援的雰囲気や園と保護者との信頼関係を基盤にして，専門機関や自治体を含めた広範なサポートシステムへと拡大させる媒介者としての役割です。相談員は巡回時に子どもや障害・保育に関する専門的な知識を提示するのみでなく，保育者や保護者からの電話相談といった働きかけに応じて，外部の専門機関の情報を提供しました。予算の都合などで1年に1回の巡回相談ができるかどうかという制度のなかでは，相談員が恒常的な支援をすることはできません。しかし，子どもの発達や生活の変化を予測して，適切な時期に情報提供するなら，サポートシステムの作り替えに貢献できるといえるでしょう。こうした役割を果たすためには，相談員は，加齢に伴う生活環境の変化とからめて子どもの発達の見通しを立てられることと，園内外の人的・社会的資源についての情報を持っていることが必要になります。後者については，もちろん相談員がすべての情報を把握し切れるわけではありません。むしろ，誰にたずねればどのような情報を得ることができるかということについて，日頃からアンテナを張り巡らしておくことが大切だと思われます。

7 園内連携形成を支援した
コンサルテーション
―幼稚園における事例―

7-1 私立幼稚園における統合保育をめぐる今日的問題

　幼稚園は保育所とならび，地域における障害幼児の発達支援の場として重要な位置を占めています。ところが昨今の少子化がもたらした園児数減少は，幼稚園経営に大きな影を落としています。しかも，1997年に児童福祉法が改正されて保育所制度が措置入所から選択利用方式に改められたことによって，保育所の窓口が拡大しました。その結果，幼稚園を希望していた人が保育所を志向するようになり，幼稚園の経営がますます逼迫する，という状況にあります。障害児の入園に関しては，同法により，保育所において障害児についても受け入れの推進を図ることが重要となり，1998年度に新たに「障害児保育促進事業」が創設されました。本事業は保育所への受け入れ児童数の増加を図るとともに，障害児保育の実施保育所の拡大を図るため，新たに障害児保育を実施する保育所に対して必要となる設備整備等への助成を行う制度です。しかし，皮肉にも保育所の待機児童数が増加したため，実質的には「保育園に入れない」障害児が増えつつあります。そうした障害児が空きのある幼稚園に入園する，という事態が生じています（障害を持つ子どものグループ連絡会ニュース，2000）。そこで懸念されるのは，経営問題を抱える幼稚園において障害幼児の受け入れ体制が十分整っているのか，という点です。

　幼稚園全体の8～9割は私立幼稚園です。私立幼稚園では各園の保育理念に

照らした特色ある保育内容が実践されています。幼稚園の長い歴史のなかで，すばらしい実践も積み重ねられてきました。しかし一方で，園児数減少の著しい地域における経営規模の小さな私立幼稚園を中心として，園児獲得へ向けて保育の需要の多い低年齢児の保育，すなわち3歳児保育の全面実施，2歳児保育の導入，あるいは共働き家庭の支援としての早朝保育や延長保育の導入など，幼稚園の保育所化とも言える流れへのシフトが顕著になりつつあります。低年齢児の保育や長時間保育さらには統合保育を行うには，それに見合った教職員の確保が必要ですが，そのための人的余裕や体制のために必要とされる助成制度が整備されていないため，そのしわ寄せが園児にいくことが危惧されています。[1]

　1998年12月に改訂された幼稚園教育要領は，2000年4月から施行されました。この改訂において「障害のある幼児の指導に当たっては，家庭及び専門機関との連携を図りながら，集団のなかで生活することを通して全体的な発達を促すとともに，障害の種類，程度に応じて適切に配慮すること」が示されました。統合保育を進める上で，ゆとりある人的配置とともに担任を支える連携体制が必要です。問題はどのようにして連携を進めるかです。一つには，保育研修を充実させることによって保育の力量を高め合い，園内連携を図ることが考えられます。もう一つは，障害に応じた保育を進めるために，外部から専門家を呼んで，保育のコンサルテーションを受けることが考えられます。後者の点については，保育所と違って，幼稚園に対する巡回相談の公的制度はないので，外部と連携することは園の自助努力や民間レベルでの地域ネットワークづくりの熱意に一任されている状態です。先に記したような，厳しい保育環境とともに，連携のための公的整備が立ち後れている幼稚園に対しては，外部支援の一つとして，保育の実情に即して保育課題を見出し，実践を支えていくコンサルテーションが必要です。

　そこで，以下に，まず一般的に幼稚園における相談体制が制度化されていないことの問題について整理します。その上で，2名の具体的な事例検討を通して，相談員のどのような支援が，担任の保育に関する悩みを園全体で共有でき

るものとし，そのことによって保育実践の転換を促し得たのかを整理します。

7-2 相談体制が制度化されていない問題と本事例における
　　　コンサルテーションの導入

　先にも述べましたが，幼稚園を対象にした巡回相談は制度化されていません。ですから，地域的な支援体制が民間レベルで整備されているごく少数をのぞいて，幼稚園から保育に関する相談を外部に依頼することはほとんどありません。しかも，相談にかかる経費は，園の負担となります。さらに，実際に民間レベルで存在する巡回相談の例をみると，コンサルテーションではなく，すでに専門機関に継続的に通っている子どもに対する経過観察の一環として，幼稚園に出向いて保育観察を行う，という形式が多いようです。この場合の問題は次のようなものです。専門機関側の意見として，横田（1998）は，障害のある子どもを受け入れている幼稚園は多いが，かならずしも適切な対応がなされていないこと，その場合，療育機関と幼稚園を併行通園しているケースでは，専門機関に一方的に依存したり，他機関の介在に拒否的になったりするが，いずれも望ましい結果にはならない，と述べています。幼稚園側からも，専門機関と園との間で障害児に対する見方が異なっている，その幼児を園生活という集団のなかで見た上での指導を望む，という意見があがっています（大河原，猪平，柴崎，鈴木，1999）。また，多くの幼稚園が抱える悩みは，入園後に集団保育が困難だと分かったケースで，専門機関にも通っていない場合には保護者が障害を認めようとしないことも多いので療育を看板とする専門機関などの外部支援を求めにくい，というものです。経過観察の一環としての園への訪問では，保育や家庭との連携に悩む保育者を支援することはできません。専門機関と幼稚園が対等な立場で，相互の役割の違いを尊重した上で必要な時にはいつでも協力しあえる関係づくりが求められます。

　そこで本章では，地域の早期療育ネットワークの中核となる専門機関（大学）に通所していた子どもの発達支援の一つとして幼稚園の担任を中心として

コンサルテーションを行った事例を紹介します。事例は，一般枠で私立幼稚園に入園したものの，他児とのトラブルを繰り返し，集団保育が困難であるとみなされた幼児2名です。それぞれの担任に対するコンサルテーションは同時並行で行われました。年中から年長までの2年間のコンサルテーションを通して，それぞれの担任の内省が深まるとともに，互いに保育のなかで協力しあい，最後には園内連携が築かれるようになりました。この園ではコンサルテーションを受け入れるのは初めてでした。緊張しながらも，コンサルテーションを開始してしばらくした頃から，担任は保育の悩みを語るようになりました。この事例では，コンサルテーションを担任がどのように受け止め，何が保育を変えるきっかけになったのかに注目しながら，園内連携の形成などを支援したコンサルテーションについて検討します。

　なお，2名（貴史くんと亮くん）は，発達のグレーゾーンに位置するので，集団生活場面での適応状況について知ることが専門機関の療育を進める上では重要であると判断したため，専門機関の方から幼稚園に保育参観を依頼しました。その際，園長から「じつは，大変困っている」，という訴えがあり，担任も保育に悩んでいる様子でした。園長の依頼に応えて継続的な相談を行うことが2名の保育支援につながると専門機関でも判断したため，コンサルテーションが開始されることになりました。

7-3　コンサルテーション事例の特徴と概要

7-3-1　幼稚園での受け入れ体制

a．幼稚園の規模：中規模私立幼稚園。保育者10名，園児170名。
b．入園の決定と保育体制：入園の決定は園長が行いました。貴史くんと亮くんは同じ年齢ですが，亮くんは年少クラス，貴史くんは年中クラスから入園しました。

　貴史くんの場合，園長は，言語表出面では遅れているが一定の理解力はあり，人員加配や特別なカリキュラムの設定等の配慮はしなくても保育できる，と判

断しました。しかし，保育上の配慮を要すると考えられたため，園内では中堅の保育歴4年目の保育者が担任となりました。同じ担任が年長クラスまで受け持ちました。

　亮くんの場合，集団保育に問題はないが家庭のしつけに問題がありそうだ，と判断されました。亮くんが年中クラスに進級した時点では，その時に入園した貴史くんの方に手がかかると園長は考えました。そこで，園長は亮くんには年中クラスの時に，保育歴3年目の保育者を担任としました。年長クラスに進級した時には，別の保育歴3年の担任を配置しました。

　園全体の保育体制の面では，ベテラン主任保育者等が退職したために，主任・副園長が不在で，在勤6年を最年長保育者とする構成でした。また，園ではこれまで障害児の受け入れは行っていましたが，新体制になって経験者はいない状態でした。

c．クラス体制（2名に共通）：年中クラスは，担任1名に対して園児20名。年長クラスは，担任1名に対して園児31名。

d．園内の会議：年度と各学期の始めの他，保育者が園長に要請して行事内容の取り決めなどを議題として開催されました。貴史くんについては，入園時の年度始めの会議で，担任が問題行動についての報告をしています。

7-3-2　プロフィール

〈貴史くん〉

　1歳6か月健診，3歳児健診で，ことばの遅れが指摘され，近くの専門機関（大学）に紹介されました。そこで実施された新版K式発達検査（4歳）では，姿勢・運動領域（DQ90）に比べて，言語・社会領域（DQ51）が著しく落ち込んでいました。しかし，大小概念の課題は通過するなど，基本的な概念理解はあるとみなされました。WISC-R知能検査（6歳）では，VIQ83，PIQ101，IQ90。動作性IQが言語性IQよりも有意に高い傾向が認められました。

〈亮くん〉

　1歳6か月健診は通過しましたが，2歳ころから多動とことばの遅れが目立

ち始めたので、3歳になって保護者が自発的に通園施設を探し、そこに通いました。その後、貴史くんと同じ専門機関に保護者が相談を依頼してきました。そこで実施された田中ビネー検査（6歳）では、境界域（IQ85）。フロスティッグ視知覚発達検査は、「全然できない」と放棄。WISC-R知能検査（8歳11か月に実施可能となる）の結果、VIQ91, PIQ75, IQ82。言語性IQが動作性IQよりも有意に高い傾向が認められました。

7-3-3 コンサルテーションの概要

a．実施要領：年中クラス6月〜年長クラス3月の計14回、ほぼ月に1回の高い頻度で実施しました。最初に2名の最近の様子と当日の保育予定について、園長と話し合いました。（担任は保育に従事しているため、話すことはできませんでした。）その後、午前10時すぎから11時30分まで保育観察を行いました。カンファレンスは、保育時間終了後、12時30分くらいから3時までを目安として行いました。

1年目は、コンサルテーションの趣旨を理解してもらうために、保育観察の結果とカンファレンスの概要を文書にして、1回ごとに担任に提出しました。また、次回、記述内容を確認しつつ、前回の保育とカンファレンスのポイントを思い起こすために、文書をもとに話し合いました。その上で、担任が現時点で抱えている問題を聞き、当日の保育場面を振り返りながら、問題解決に役立つと思われる助言を行いました。文書によるまとめを行ったことで、毎回の相談内容が積み上げられ、保育者が、後に保育を振り返ることに役立ったように思われます。園側からのカンファレンス出席者は2名の担任のみでした。

2年目には、専門機関の見学を3回実施しました。この時期には、後述するように園と専門機関の双方から可能な限り多くの参加者を募ってカンファレンスを行いました。園内でカンファレンスが定着してきたので、報告書は提出しませんでした。

b．専門機関内でのコンサルテーションの位置づけ：コンサルテーションの他に、専門機関では2名に対する小集団指導と彼らの家族に対する相談を行っ

ていました。それぞれの担当者は、2名の発達と教育に関するアセスメントを提示し合い、発達の見通しと教育プログラムの作成について協議を重ねました。

7-4 コンサルテーションの経過

7-4-1 貴史くんの事例

構音が不明瞭なためにトラブルを起こす貴史くんについては、園長も担任も問題意識を強く持っていました。同じ担任と2年間継続したコンサルテーションを園と相談員の関係という点から整理すると3期に分けられます。

7-4-1-1 Ⅰ期：模索期（年中：6月〜10月）

まだコンサルテーションが園内に位置付いていない時期です。

担任は生活習慣やいざこざなどの問題を中心に相談員に報告しました。初めてのコンサルテーションだったので、担任も園長も相談員に対する警戒心が強かったように感じました。相談員としては積極的な介入は避け、午前中の保育場面を振り返りながら、貴史くんがトラブルを起こす（トラブルに巻き込まれる）プロセスについて確認し合う作業をしていきました。また、他児が貴史くんをことばによって排斥していることを憂慮すべきこととして話しましたが、保育者は、集団との関連で貴史くんの行動を理解するまでには至りませんでした。相談員にとっては、担任に試されている時期でしたが、閉ざされた環境にありながら、保育の悩みを語れる相手として相談員が存在することへの要求も感じました。

7-4-1-2 Ⅱ期：担任と相談員の関係形成期（年中：11月〜2月）

担任に対するコンサルテーションが位置付いてきた時期です。

Ⅰ期に指摘した集団からの排斥問題が、複数の保護者も問題視するほどに膨らんでしまいました。相談員から問題の芽を指摘されながらそれを活かせなかった、という反省からか、担任の相談員に対する信頼が以前よりも強くなったように思われました。その後、担任は相談員に率直に悩みを吐露するようになりました。園内連携がない、クラス規模が大きすぎる、保育内容が難しすぎ

などです。相談員としては，貴史くんが，皆の前で話すときに自分の口を手で隠したり，遊ぶときに他児から離れた場所で一人で過ごしたりしていることが気になりました。集団からの孤立感を強く抱いている貴史くんが安心して楽しく過ごせるように，保育方法を見直すことが必要である，と思いました。保育方法や内容という保育の根幹の変更は，全園的な支援がないと実現は難しいので，担任の問題意識が園内で共有されるように，園長や他の保育者も交えてコンサルテーションを行う方向で，相談体制を組み直す必要性を感じました。また，貴史くんが専門機関の小集団指導でいきいきと遊んでいる様子を見学することで，保育方法についての研修に役立ててもらおう，と考えました。

7-4-1-3　Ⅲ期：園内連携形成期（年長：6月〜3月）

　貴史くんがクラスの一員として位置づくよう，園内で話し合われるようになりました。

　ようやく担任に対する園内体制も作られ，保育が変化した時期です。専門機関内の各担当者と園との意見交換も活発に行われました。

　第1回目の専門機関の見学には，園長が貴史くんと亮くんの担任とともに訪れました。貴史くんの担任は，プレイルームで遊ぶ貴史くんのいきいきした表情をワンウェイミラー越しに見ながら，場面に引きずり込まれるように笑っていました。園長も含めて，その場全体がなごやかな雰囲気になりました。それまで，担任は園では園長に保育について語るのを遠慮していましたが，園を離れたこの場で初めて，これまで自分なりに整理して考えてきた，貴史くんの成長と保育上の課題について，園長に伝えることができるようになりました。園長も担任の話しを促しながら熱心に聞いていました。その後の見学では，事務担当の保育者と先の見学の時と同じ2名の担任が訪れました。この時には，貴史くんは保育者が一対一で援助しているこの場面では，積極的にコミュニケーションをとっていることを保育者全員で確認することができました。ついで担任と事務担当の保育者から，保育を内省する意見が出されました。園内連携がない，行事の内容が難しすぎる，個別対応ができる保育者の加配が必要である，などです。

12月のカンファレンスは行事が三つも続く忙しい時期でしたが，全体の半数にあたる保育者が参加し，3時間以上にもわたって活発な意見が交わされました。カンファレンスでは，「自信のない貴史くんをどう理解し，保育したらよいのか」「行事内容を子どもたち全員が楽しめる，という視点に立って見直したい」「園全体で保育を検討してほしい」という話題が出されました。このように，カンファレンスが園内で位置付いてきた背景には，担任の考える貴史くんの課題と保育観が，園長をはじめ事務担当の保育者に理解されたこと，それによって，担任の考えが活かされる形で，例年になくやさしい内容で子どもたちが楽しめる子ども会を企画したところ，大変好評だったことなどが関わっています。子ども会は，このカンファレンスの3日前に行われました。貴史くんは名演し，家族は感激して衣装をしばらく借りていきました。園長も貴史くんの演技に感動し，相談員に当日のビデオを見せてくれました。

　翌年の1月には事務室で，事務担当の保育者がクラスからはみ出した子どもたちを指導し，担任もルール遊びで貴史くんが仲間に入れてもらえるよう，積極的に配慮するようになりました。さらに，園長は，幼稚園を対象とした障害児に対する加配保育者の助成制度について調べてきました。この他にも，園長自ら保育を考えるカンファレンスを保育者に呼びかけるようになりました。

7-4-2　亮くんの事例

　相手の思いを推し量るような言い回しをする一方で，特異なことばのやりとり（相手と目を合わせないで独り言を言うように話しかける，空想の世界と現実の混同），認知の歪み（視覚認知の困難，触覚防衛），その他（集中困難，こだわり，情緒不安）が認められる亮くんは，保育場面では，場面によって集中と逸脱を繰り返す状態だったので，どこに問題があるのかわかりにくいタイプの子どもでした。言語面以外には対人関係のトラブルが少ない貴史くんとは対照的に，障害像に関するより専門的な知識が必要だと思われました。一見，ことばが巧みに感じられるので，亮くんから少し距離を置いて見ている園長は，しつけの問題であると考えましたが，担任はことばよりも先に手が出るトラブルメーカ

ーとして見ており，20名，30名体制で見ることの限界を強く感じていました。

亮くんの場合，担任が変わったため，コンサルテーションを1年ごとの2期に整理しました。

7-4-2-1　I期：模索期（年中クラス）

1学期は，他に困る子はいるが亮くんは心配していない，という園長と，手が出たり，興奮すると部屋を飛び出したりするので困っている，という担任との隔たりが大きく，担任一人が重荷を担っている様子でした。保育場面をみると，亮くんは，不安な時以外にも，担任を強く慕って，気をひこうとするあまりにトラブルを起こすことがあるので，一斉保育が中断されることがしばしばでした。しつこくくりかえしトラブルを起こして担任との一対一の関わりを求める亮くんと集団との間で揺れる担任に対して，トラブルが起こった場面だけに関わることが悪循環を生んでいることを伝えました。そして，トラブルについては，家庭でのしつけの問題ではなく，認知的な歪みによる不安感から，防衛反応が過剰に引き起こされるために生じていることを繰り返し伝えました。認知的な歪みとは，聴覚的なことばの理解力はあるのに，他者の表情を視覚的に読みとる力，すなわちノンバーバルな面での視覚認知が難しいこととともに，触覚防衛としての，ある種の感覚に対する過剰な認知・反応様式を指します。相手の表情が読みとれないために対人関係が築けません。また，感覚面の過敏さがあるために，うわばきを履いたり手を洗うなどの生活習慣がなかなか身に付きません。これらが，保育のなかでは「分かっているようなことを言うのに，分かっていない」「聞けば何をすべきか分かるのに，やろうとしない」などのことばと行為とのずれを生み出し，それが「できるはずなのにやらない」トラブルメーカーというイメージを作り出していました。そこで，保育のなかで亮くんが集団参加できる場面を例としながら，聴覚的なことばの理解力はあるので，保育の流れが分かりやすいようにことばで伝えることと，視覚的にも保育目標が分かりやすいように提示することが大切であると伝えました。また，この時期には，園がトラブルを毎日のように保護者に報告しているため，保護者のストレスが高くなり，それが亮くんをますます不安定にさせていることが分

かり，それについても問題提起しました。3学期になると，園長は，園の保育との関係から亮くんの問題行動を理解することが大切であると考えるようになりました。担任の側でも，亮くんが他児を思いやる気持ちを持っていることを理解するようになりました。

7-4-2-2　II期：再び模索期，そして園内連携形成期へ（年長クラス）

　クラスの規模が20名から30名へと拡大し，新学期は亮くんにとって緊張が強い時期でした。それでも，1年前と比べると，友だちと遊びたい，という気持ちが強く育ってきたため，動きの激しい陣取り遊びにも積極的に参加するようになりました。それとともに，他児に対する嚙みつきや特定の子を独占しようとしつこく関わるなどの問題も多くなりました。新担任は，亮くんの問題行動は自分の責任である，ととらえていたので，コンサルテーションを重荷に感じていたようでした。

　担任の精神的な負担を軽くするため，コンサルテーションでは，園長や事務担当の保育者，貴史くんの担任が中心となって，保育を支援することを目標としました。2学期に実施した専門機関の見学をきっかけに，園長は「育て方の問題であると思ってきたが，それだけでは説明しきれない，わかりにくい子である」と認め，保育の手だてについての話し合いが必要であると考えるようになりました。事務担当の保育者も見学後，亮くんが，専門機関で見せたいきいきした表情を園でも見られるように園長や担任と話し合う機会を作ってくれました。

　園内連携の動きのなかで，亮くんが12月に演じた「オズの魔法使い」のライオン役は大変好評でした。せりふは三つ，「泣いてばかりいるからいじめられるんだ」「神様，どうか勇気をください」「こわくない，かかってこい」。自分で選んだ役でした。

　3学期には，園内の事務室開放により，クラスの制作活動に集中できなくなってきた時に，過ごす場所ができました。そこは，年少クラスの子どもたちが多く利用していたので，リーダー役になって遊ぶことができました。たびたび，自分のクラスを抜け出す亮くんに対しても，クラスの子どもたちは，亮くん

大切な人,と暖かいまなざしで見てくれるようになりました。それを担任が亮くんに伝えるとうれしそうにしており,担任も亮くんの成長を実感できたそうです。

コンサルテーションを通して,担任は「最初は保育を見られることに疑問を持っていたが,これまでで一番勉強になった」と感想を記しています。

7-5 保育の変化と発達相談による支援

2名の保育のコンサルテーションの経過を,カンファレンスにおいて担任がとらえた問題の所在,相談員による保育の評価ならびに支援,の3点から整理したものが表7-1,表7-2です。

貴史くんの担任は,Ⅰ期には問題行動を中心に報告していましたが,Ⅱ期には保育方法の悩みや内省,Ⅲ期には貴史くんの成長と残された問題の整理,他児と貴史くんとの関係の問題,園内連携などについて語りました。次第に問題

表7-1 貴史くんの担任がとらえた問題の所在ならびに相談員による保育の評価と支援

	担任がとらえた問題	相談員による保育の評価と支援	
		保育の評価	支 援
Ⅰ期: 年中 6月—10月	・貴史くんがトラブルを起こすことが問題	・貴史くんが抱える問題を考慮した保育はなされていない	・トラブルの発生過程を場面に沿って整理 ・担任の問題意識を保育方法や体制を含めて捉え直すよう示唆 ・他児が貴史くんを排斥し始めていると指摘
Ⅱ期: 年中 11月—2月	・保育方法,内容,体制に悩む ・他児が貴史くんを排斥することが問題	・問題は保育全体のあり方と関わっていると気づくが保育実践面の変化はない	・担任の悩みが何に起因するのかを整理 ・園長に対して保育検討会を年内スケジュールに組み込むように提案 ・ことばの教室を紹介し,担任が構音のみにとらわれないで保育できるように,園で配慮すべき点を整理
Ⅲ期: 年長 6月—3月	・貴史くんの発達と保育(連携,他児の関わり)の両面から保育問題を整理	・担任支援体制の形成(園長,事務保育者の援助) ・担任は貴史くんを支援	・保育見学を企画 ・専門機関の小集団指導者も交えて保育方法について検討 ・貴史くんの発達を認知のアンバランスという視点から整理 ・家族と担任の考え方のずれを問題提起 ・保育を園と協同で総括

表 7-2 亮くんの担任がとらえた問題の所在ならびに相談員による保育の評価と支援

	担任がとらえた問題	相談員による保育の評価と支援	
		保育の評価	支　　援
Ⅰ期： 年中 6月—2月	・ことばよりも先に手が出る，興奮すると教室を飛び出す	・亮くんが担任にまとわりつくため，振り回されている	・園長と担任の見立てのずれを埋めるために，担任の問題意識を園長に伝える　・認知的な歪みとして障害像を整理
Ⅱ期： 年長 6月—3月	・トラブルが絶えないので，保育の見通しがたたない	・他児と遊ぶようになってトラブルが増えた	・しつけの問題から保育上特別なケアの必要な子どもへと保育意識の転換を図る　・専門機関の見学によって，担任を支える園内連携体制の形成と確立　・保育研修としてのコンサルテーションの位置づけ

を広く，園全体のなかで位置づけて考えるようになりました。園長や事務担当の保育者も，Ⅲ期には，貴史くんを保育上の特別な配慮が必要な子どもであると認め，積極的にカンファレンスに参加するとともに，保育方法や体制を変えていくための具体的な動きを先導していきました。

　亮くんの場合，Ⅰ期には，園長と担任の間に問題の見立てにずれがあったため，担任一人が問題行動の対応に追われて苦慮していました。しかし，Ⅱ期には亮くんと他児とのトラブルが増えたにもかかわらず，新担任を支援する園内連携が作られることで，3学期になると担任には亮くんの成長を語るゆとりが出てきました。

　こうした保育の変化は，相談員がどのように支援を行ったからでしょうか。相談終了時の保育アンケートに書かれたコンサルテーションに対する感想を参考にしながら，二つの事例に共通して認められる支援の成果を整理しました。

7-5-1　二つの事例に対する支援の成果
7-5-1-1　園内連携体制の形成への支援

　一般的にこの園のように主任が不在でしかも横の連携の機会が少ない保育環境においては，特定の園児の保育をめぐって園長と保育者が協同体制を組む関係に変化するまでには時間が必要です。しかし専門機関での小集団指導の見学後，早い段階で保育内容や方法をめぐって担任を支援する園内連携体制がつく

られました。園内体制への動きが早かったのは，園長が専門機関の見学において初めて担任の考えを聞き，話し合う機会を得たこと，クラスから離れた位置にいた事務担当の保育者が保育の問題を見出し，園長を動かしながら担任を支援する保育体制を作ったことと関わっています。事務担当の保育者は「全体的に担任以外が他のクラスの子どもと積極的な関わりを持つことは少ない…。小集団指導で見た，いきいきした二人の表情をどうしたら園でも見られるか，園長や担任も交えて話し合うきっかけになった」と見学の感想を記しています。連携へ向けての短期的な介入としては，カンファレンスの時期を見計らいながら話し合いの場を園の外へ移し，複数の保育者や園長に参加を呼びかけ，全員で保育課題を共有できるようにはかることも有効であることが分かりました。

7-5-1-2 保育実践への支援

保育実践の変化が現れたのは，専門機関の見学後でした。見学の意味を振り返ると，園長や保育者たちが，相談員の述べる保育方法や内容とは実際には何なのかを具体的に知る機会であった，と思います。コンサルテーションといっても，受け入れる側にとっては，助言を文書にしただけでは相談員の意図する保育を同じようにイメージすることは難しいと思います。とりわけ，この事例のように統合保育の経験がない保育者を対象とする場合，保育方法や内容のヒントが得られるよう相談員が見学を勧めることが有効であると思われます。事例では，見学に関しては，「保育方法や問題に対する対処の仕方などとても参考になった（園長）」「専門機関では園でできないところを補ってもらっている感じを受けた（担任）」といった感想が記述されました。ただし，「集団の保育とは違う（園長，担任）」という感想もあり，他園における保育実践の見学などの支援を行えばより有効であったと考えられます。

7-5-1-3 保育者と専門機関との連携の支援——園を地域の社会資源へ向けて開くことの支援

開園以来（20年来）初めて，園長と担任は第三者である相談員に保育を公開し，日々の保育で忙しいにもかかわらず少なからぬ時間をさいて保育についての本音を語ってくれました。それが実現したのは，保育の悩みは一人で担うの

ではなく園内外の支援を求めて動いて行けばよい，ということを理解してもらえたからだと思います。担任は次第に自信をもって，保育課題について語るようになりました。そうした変化は，担任の「始まった当初は自分の保育を見られるだけでも気が重かった。しかし，(相談員との)話し合いを多くもつうちに一緒に保育を考える関係に変わった」という感想にも表れていると思います。

7-5-1-4 心理的安定への支援

担任は，保育の悩みを抱えながらも，それが何に由来するのか整理できずにいました。コンサルテーションを通して，悩みと一口に言っても，障害から派生する問題，保育の問題，悩みを相談できる主任が不在であったり保育体制が大きく変わることに対するストレスなどが複雑に絡み合っていることを理解するようになりました。また，園長や見学に訪れた事務担当の保育者も，担任と同じように，漠然とした大きな悩みを抱えていました。相談員という，園の組織には所属しない第三者が一緒に話し合うことで，保育の問題を対象化し整理することができたのではないか，と思います。保育には悩みはつきものですが，何がどう問題なのかを当事者が把握することは案外難しいものです。それが，コンサルテーションに対する感想として記述された「毎日保育と雑事に追われ，意外に自園の様子はみえないものだ(園長)」「貴史くんだけにとどまらず，自分の保育や本園の保育体制のあり方についても考えるきっかけになった(担任)」「専門機関と幼稚園の連携の大切さを知ることができた(担任)」ということばに表れていると思います。

7-5-1-5 園の潜在能力を活性化する支援

この事例では，園長ならびに保育者たちは保育の現状を受け入れつつも，批判的にとらえる気持ちもありました。コンサルテーションは保育者の現状を批判的に考える力をひき出し，保育実践の変容へ向けて形にしていく機会であったように思います。相談員という他者，専門機関という異なる場，そこでのいままで見たこともなかった貴史くんと亮くんの姿，などの複数の対象とあえて向き合うことによって，保育を再検討し，作り替えていきました。同じ事は，相談員自身にもあてはまります。コンサルテーションは，園のみならず相談員

の視点を豊かにし，成長させる機会でもあります。双方のダイナミックな関わり合いと変容が，子どもを育てるネットワークと支援を作り出していくのだと思います。

7-5-2 事例の特徴に応じた支援のポイント

コンサルテーションの手立てを考える時には，事例の特徴に留意することが大切です。本事例における支援の留意点を整理すると，次の2点になります。

7-5-2-1 子どもの問題の本質を見極めた支援

ことばを話す力はあるのに，相手の表情を読みとることが難しいなどの社会認知の問題を抱えた亮くんの場合，相手の思いを十分に理解することができないためのトラブルが多く，情緒的に不安定で，他者評価に大変過敏なところがあります。学童期以降の自尊感情が育まれる時期にマイナスの評価ばかり受けていると情緒的な問題が深刻になるおそれがあるため，長期的視点にたったコンサルテーションが必要です。しかし現状では，幼児期においては，集団に適応できないのは，ことばを話せるために能力的な問題ではなく，甘やかしなどのしつけの問題としてとらえられがちです。事例では，構音というわかりやすい問題が顕著であった貴史くんとは対照的に，亮くんに関しては，家庭のしつけの問題ではなく，保育において特別なケアが必要な子ども，という認識を園全体が持つことをコンサルテーションを通して促した，と言えます。

7-5-2-2 保育者の保育力量とコンサルテーションの期間に応じた支援

亮くんの事例のように，研修機会や園内連携体制がない（主任が存在しないことと関係している）幼稚園における短期（1年間）のコンサルテーションでは，保育者自身の問題意識を整理すること以上に，園長やベテランの保育者（事例では，コンサルテーションが継続できた貴史くんの担任など）に働きかけて援助チームを組織することが重要です。

7-6　最後に

　コンサルテーションでは，保育の専門家である保育者の要請に応えることで，間接的に子どもの発達を支援します。ですから，保育者からの要請が最初にないとコンサルテーションは機能しません。ところが，今回のように相談体制の枠（制度）外に置かれている幼稚園であっても，たまたま専門機関で療育している子どもの保育見学が目的で訪れた折りに，「困っている」実態を把握したら，それをきっかけにして相談員が関わることも必要であると思われます。つまり，相談員としては潜在的なニーズを受けとめる構えも必要だと思います。しかし同時に，相談体制の枠がないことや主訴が存在しない（あるいは，不明確である）ことに伴うコンサルテーションの積み上げの難しさの問題も伴います。そのような場合，相談員が何を目的として関わるのか，どれぐらいの期間，どのような頻度で参入するのか，そもそもカンファレンスの時間・場・参加者をどのように設定するのかなど，相談員の関わり方についてのプログラムづくりが必要です。プログラムの柱は次のようなものであると考えられます。まず，相談員は，保育者の力量を最大限引き出すことに主眼を置きます。その上で，カンファレンスでは，できるだけ具体的に誰が，何について，どうしたらよいのかを，関係者全員で確認し，合意を得ていきます。その後，保育の取り組みが成功したかどうかを同じメンバーで評価し，次のステップの目標を設定していきます。場合によっては，当初の目標を修正しなければならない場合も考えられます。この他に，本事例では，保育者の所属機関での役職や保育歴，相談経過（初期か中期か終結期か）によって，コンサルテーションから得られるものは異なるということが分かりました。また，障害の種類や程度によっても，保育者が得ることのできる情報は異なりました。カンファレンスの参加者一人ひとりが情報をどのように理解し，利用したかという視点を持つこともコンサルテーションを進める上では必要であると思います。

　(1)　多くの障害児を受け入れている自治体の一つである東京都を例にとると，

2000年に「標準教職員数」制度が幼稚園にも導入され，その運営をさらに苦しめる内容となっています。それまで，小・中・高には適用されていても幼稚園だけが例外的に，園から申告した教職員数全員に対する補助が認められていました。ところが，改正により，障害児保育（預かり保育も）の従事者や教頭（副園長）の配置は，すべて園の経費で賄わなければならなくなりました。また，この制度では，全面実施されると推定される3歳児保育の定数は，子ども35名に対し教員1名であり，加配教員は，3クラス体制になった時に1名増員，という内容です。ちなみに保育所は，保育時間が長いとはいえ，3歳児保育では最低基準で子ども20名に対し保育士1名の配置です。

参考文献

大河原潔・猪平真里・柴崎正行・鈴木篤「幼稚園における障害幼児の実態」『帝京平成短期大学紀要』4，1999年，77-84頁。

日本精神薄弱者福祉連盟編『発達障害白書』1998年。
　東京都において，障害児・者，保護者，教師，専門機関職員，研究者が連携して，障害児・者の生活の質の向上を目指した研究・運動を行っています。そうした自助グループの一つが発行するニュースとして，「障害を持つ子どものグループ連絡会ニュース」（月刊・ニュース発行所は東京都大田区はすの実作業所）があげられます。30年の活動の歴史があります。ニュースには，研究集会の記録や詳細な資料が掲載されています。

横田敦「療育機関（通園施設）と幼稚園との連携について—併行通園している子どもの事例」『全障研第7回東京支部研究交流集会資料集』1998年。

8 保育者と親との連携を支援したコンサルテーション
―保健センターにおける事例―

8-1 保健センターの役割の拡大

　1994年に制定された地域保健法によって，地域住民に密着した保健サービスを行う機関として全市町村，特別区に保健センターが整備されてきています。それまでの都道府県が設置していた保健所よりも，直接住民に関わる保健サービス，いわゆる対人保健サービスを充実させるためにその改定が行われました。保健センターの仕事は保健指導や健康増進，各種健診の実施など人々の心身の健康，病気の予防など日々の生活に欠かせない役割を担っています。保健センターによって行われる各種サービスは自治体によって取り組み方に違いはありますが，そのなかで母子保健サービスという役割は，最近の子育て支援問題をうけて，地域の中心的育児支援機関として機能の拡大が求められてきています。母子保健サービスは地域に住む家族に新たな家族，子どもが誕生する前から，父親教室や母親学級，栄養教室などすでに支援を始めています。もちろん子どもの誕生後も，新生児期から保健師が個別に自宅に訪問して赤ちゃんの様子をみながら母親の育児上の相談にのったりしています。その後の成長過程でも栄養士による栄養相談や歯科衛生士による歯科相談，日々のちょっとした育児上の悩みに対応する保健師による育児相談を実施するなど，母親や家族が地域で気軽に相談を受けられるように相談の種類は実に多様です。育児を行う家族のための相談を通して地域にすむ人々の心身の健康をバックアップしていくのは

母子保健サービスの主たる役割といえるでしょう。

　また乳児健康診断，1歳6か月健康診断，3歳児健康診断など各種健康診断では子どもの育ちを総合的に診る機会が設けられています。そこでは保健師，栄養士，歯科衛生士による相談のほかに小児科医師による診察さらに心理相談員による心理相談も設けられています。

　心理相談は子どもの心身発達上の悩み，たとえば「あやしてもなかなか笑わない」「おもちゃを持てない」「はいはいをしない」「ことばがでない」などをうけて心理相談員が親子と直接会って，母親から子どもの発達上の悩みを聞いていきます。また子どもと遊んだり場合によっては発達検査を用いたりしながら子どもの状態像を把握した上で母親の悩みを整理し，対応を母親にアドバイスしていきます。相談が1回限りで終わる場合もありますが，状況に応じて継続して相談を受けていきます。

　心理相談で訴えられる悩みはさまざまです。子どもの発達上の問題として訴えられた相談が家族の問題を背景に併せ持っていたり，育児不安の相談が母親自身の生き方に対する悩みに大きく関わっていたり，大家族の心理的ストレスが関わっていたりと相談の過程でさまざまな展開がみられます。心理相談員は母親の悩みを受け止め，整理したうえで子どもの状態像に合わせたさまざまな環境調整や育児支援，発達支援を考えていきます。

　心理相談の経過のなかで家族が生活する上で直接関わってくる人々へのマネージメントも必要になってきます。相談員は，たとえば心理相談以外の日に母親や家族が気軽に電話相談できるように保健センターのスタッフに対応の依頼をしたり，児童館の育児支援グループや保健センターの発達支援グループへの参加を促す場合にはスタッフと事前に打ち合わせをしたり，また保育園や幼稚園などの未就園児グループに参加するときには保育者に協力体制を依頼したりしています。

　心理相談において最近特に子どもの保育上の問題をその子どもの在園する保育者から相談されることが増えてきています。子どもの保育上の悩みの原因が子どもの発達上の問題によるものではないかというのが多くの相談のきっかけ

となっています。すでに子どもが心理相談を受けていて，相談室での状況を日常の園での保育の悩みの解決のために活かしたいということで求めてくるものや，保育上のトラブルが子どものもつ発達上の問題に起因しているのか，性格によるものなのか，親の育て方によるものなのか相談したいと申し出があって行われるものもあります。

　いずれも子どもの家族に了解を取ったうえで，心理相談の場に保育者が家族と同席したり，別々に相談にきたり，場合によっては保育の場へ心理相談員が出向いていって保育中の子どもの様子をみながら保育者の相談を受けることもあります。ただしこれらの仕事は心理相談の業務として確立されているのではなく，心理相談員の個人の裁量に任されているというのが現状です。とはいえ子どもの発達上の問題や家族の育児上の問題を支援するために機能してきた心理相談に，子どもの保育者に保育上の問題を支援するという役割の拡大が求められるのは自然な流れともいえそうです。子どもの毎日の生活の場が家庭だけでなく，保育園や幼稚園という保育の場にもあるとき，子どもの発達上の問題への対応は家族と保育者の連携が必要になります。また母親が保育者に直接言いにくい育児上の悩みを間接的に相談員に伝えてもらうことで，両者の誤解が減ることもあります。

8-2　チームアプローチをめざして

　保健センターで子どもの相談に関わる専門職はたくさんいます。保健師そして医師，小児科医，栄養士，歯科衛生士，心理相談員，厚生労働省が保育士も健診に配置することを提言したことを含めればこれからさらに多様な専門職が子どもの相談に関わることになるでしょう。ただし常駐しているのは保健師，栄養士，歯科衛生士が中心で，心理相談員は非常勤で相談時のみ来所するところがほとんどです。家族が子どもの相談を訴えてくるときや子どもの育児上の悩みを親が相談するとき，窓口になってまず相談を受けるのは常駐している保健師です。子どもの状態や家族の訴えから，相談の中身が子どもの心身発達に

関わりそうだとか長引きそうだと判断した場合，心理相談の予約をとります。また一度心理相談を受けアドバイスを受けたうえで保健センターの育児相談や，歯科健診に来所して保健師や歯科衛生士に励まされながら乗り越えていくケースもあります。いずれにしても，心理相談活動は心理相談員が限られた相談日のみで子どもや家族を支えていくことは不可能で，他の専門職種と連携しながら初めて成り立つものです。

このように心理相談は，さまざまな専門職が自分の専門分野を活かし合いながら連携していくといういわばチームアプローチをめざしていって初めて成り立つということは常に意識しなければならないでしょう。自分のできる範囲と限界を知りながらアプローチする，自分が対応できない分野のところを対応できる分野の専門家へ繋げていくチームの一員という意識が必要です。日本でもチームアプローチに対する一般的認知は年々広がってきています。特に最近の子育て支援問題や子どものこころの問題への対応の個別性と対応の難しさが問われるとき，異職種で構成されるチームアプローチがますます要求されてきています。

8-3 保育者へのコンサルテーション

子どもが家庭以外の場でみせる姿は実にさまざまです。どの姿も子どものそのときの状態像なのですが，それぞれの場で子どもをみている大人が互いにコミュニケーションをとっていかない限りなかなか互いの見方を理解できないのが事実でしょう。もちろんコミュニケーションをとれば互いの見方を分かり合えるかというと，そんなに簡単なものではありません。異なる場（ここでは保育園と保健センター）で異なる価値観をもつ大人（ここでは保育者と心理相談員）が，子どもと向き合っているのです。

忙しいなかでわざわざ担任が保健センターの心理相談に出向いたり，あるいは心理相談員が園に出向くことを要請して，保育中の子どもの様子をみながら保育者の悩みを整理することは保育にどんな意味をもつのでしょうか。保育者

は何が得られるのでしょうか。

　実際に心理相談に同席した保育者は「異なる意見にふれた」り「母親と相談員との関係をみる」こと「相談の場での子どもの様子の違いにふれた」りと得るところが大きいと報告しています。異なる視点からの子どもの見方は日ごろの保育に深みを与えてくれるとのことです。もちろん心理相談員も保育者の考え方，子どもの見方に触れることは，相談場面以外の子どもの姿を把握でき，子ども像をより実態をもって捉えることができるともいえます。

　次の項では保健センターの心理相談員が保育者に行ったコンサルテーションを紹介しながら保育者と親との連携を支援することについて整理していきます。ただし，保健センターでの子どもの心理相談の経過のなかで行われた保育者へのコンサルテーションであることを付け加えておきます。

8-4　保育者と親との連携を支援した相談事例

8-4-1　相談にいたる経過

　よしこちゃんの家族はよしこちゃんが1歳のとき，筆者が心理相談員として担当するB市に転入してきました。母親が「小児科にかかりたい」が知り合いもなく困って保健センターに「近所の小児科を教えてほしい」と電話をかけてきました。よしこちゃんは第1子で両親に大切に育てられているようでした。対応した保健師は小児科の場所を教えながら，「困ったときにはまた電話をかけてくださいね。育児相談もありますよ」と伝えました。またよしこちゃんの住む地区を担当している保健師の名前を教えました。住んでいる地区の担当の保健師の名前を知っていれば同じ保健師に相談できるという配慮からでした。

　すると後日，母親は地区担当の保健師に電話をかけ，よしこちゃんの動きが気になると不安を伝えてきました。保健師がよしこちゃんの家を訪問し，まず母親の悩みを具体的に聞き取りながら子どもの様子をみることにしました。訪問してみると母親は育児のこの部分がという具体的な不安ではなく，引越ししてきたばかりの慣れない場所で育児をすることへの漠然とした不安，何かあっ

たらどうしたらいいかわからないという育児をしていく先々のことを不安に思っていました。担当の保健婦は不安感の高い母親だと感じたといいます。保健婦は同時によしこちゃんがあちこち動く落ち着きのなさも気になりました。母親はよしこちゃんの動きよりもさらに、「自分は子どもの遊ばせ方が下手だ」と気にしていました。よしこちゃんの1歳半健診が間近なのでその時に総合的に診てもらうよう伝えました。そして保健婦はここまでの経過を1歳半健診の時に心理相談を担当する筆者にあらかじめ伝え、心理相談にまわしてくれました。それが筆者とよしこちゃんとの出会いでした。

　相談室に入ってきたよしこちゃんは確かによく動く子どもでした。しかし無目的にうろうろ動き回るというのではなく、うれしそうに気になるおもちゃを次々いたずらしているという感じでした。さかんによしこちゃんから筆者にままごとをもってきては「おいちい（おいしい）」と働きかけてきました。しかしこちらからよしこちゃんに働きかけると一瞬目を合わせますが、その場限りで目をそらしてしまい関係が続きにくいという様子でした。買い物に行っても母親と手をつなぐことができず迷子になることもよくあるとのことでした。周囲に友だちもなく、自分の育て方に自信がもてず、不安がいっぱいなお母さんが部屋のなかで動きの多いよしこちゃんを抱えながら悶々としていることが想像されました。よしこちゃんと母親を支援する周囲の環境をもう少し整えていけば、よしこちゃんの姿は随分かわるのではないかと思いました。母親は「自分の子育てが下手なことがよしこちゃんの成長を妨げている」と言いました。また母親は以前、精神科に通い服薬をしていたことも話しました。現在は通院していないけれど、時折落ち込むのだとのことでした。そんなときは父親がぐちをきいてくれるとのことでした。しかし父親も夜勤のある仕事で休みのときには睡眠をとりたいことが多く、あまり頼ってはいけないと思っているとのことでした。子どもの育ちだけでなく、母親の精神状態も不安定にみえたため、継続相談をすすめたところ、母親はよろこんでそれに応じました。その後2回、母親は父親とよしこちゃんをつれて心理相談にやってきました。父親は可能な限り育児に一生懸命参加しており、夜勤明けにもかかわらず母親や自分の状況

を話したりして，相談にも協力的でした。そしてその過程で第2子妊娠と母親の精神状態の不安定さと頼れる親戚が近くにないことなど多くの育児上の困難さが重なっていることがわかり，保育園へ緊急入園を申請することをすすめました。地区担当の保健師から「第2子出産に関わる日中保育者の欠如と母親の精神的ケアの必要性」という理由で緊急措置の手続きを取ってもらいました。母親の医学的診断書は保健センターの医師に依頼し，経過報告書を心理相談員が，依頼状を保健師が作成し申請をしました。そしてよしこちゃんは緊急入園することとなりました。

8-4-2 第I期 連携した取り組みへ: 2歳代

入園する頃よしこちゃんは単語レベルでかなりの言葉が使えるようになっていました。相変わらず動きが多く，気が散りやすいのですが，危ないときに「だめ」という大人のことばで動きを止められるようになりました。また家でもお手伝いをするなど，目的ある活動がでてきました。さらに大人に対する働きかけが盛んで，大人が応じないと応じてくれるまで目を合わせて共感を求めてくるほどになっていました。しかし年齢相応の子どもたちの集団への適応は難しそうに思えました。入園にあたり母親はこれまでの様子を保育者にうまく伝えられないので心理相談員の方から伝えてほしいと話しました。相談員はよしこちゃんの発達の経過を記し，保育園に提出しました。その後第2子かなこちゃんも無事誕生しました。

保育者がよしこちゃんの心理相談の様子を知りたいと保健センターに電話をかけてきました。「よしこちゃんの心理相談での様子を知りたいのでできれば同席させてほしい」とのことでした。家族の許可がでればと伝えると，数日後「許可がでたので，次回の相談のとき同行させて下さい」とのことでした。こちらは「わかりました」と伝えました。当日はまず母親とよしこちゃんだけでの相談を終えてから入室してもらうようお願いしました。保育者には聞かれたくないこともあるでしょうし，心理相談は第一に子どもと家族を支える相談であるからです。

母親はよしこちゃんは生活のなかで困ることはなくなったとのことでした。ただ朝夕の送迎のときに保育者と交わすことばのやりとりがつらいとのことでした。クラスのなかで他の子どもと比べてしまい，落ち込んでいると「お母さんそれ（落ち込むこと）は違うわよ」といわれてしまうとのことです。「比べてはいけない」と思いながら比べてしまい，落ち込むと「お母さん違うわよ」といわれるのでなおつらいとのことでした。

よしこちゃんはとにかくだれかと遊びたくて仕方がないというほど人懐こく成長していました。以前のような人との関係が弱いと感じる姿はなくなっており，大きな成長と手応えを感じることができました。またおままごとを集中して楽しんでおり，そのような姿も動きばかり目立つ以前の相談ではみられないことでした。

保育者からは「身の回りの身辺自立は問題もなくスムースに生活している」こと，また「他の子どもと同じようにやりたいという気持ちがとても強く遊びにもどんどん参加しようとしている」ことが伝えられました。「ただこれだけ気持ちの高まりがみられるのに，なぜ伝えられないのかというほどことばで伝えられず友だちにかみついてけんかになってしまうことが多いのが保育者の日々の悩みである」と伝えてきました。

アセスメントと助言

保育者から申し出て保健センターにやってくるところに，保育者の一生懸命さが推測できました。「よしこちゃんを成長させたい」，「ことばで表現できるようにさせたい」という思いでいっぱいのようでした。しかし気になったのは，全く同じ姿勢を母親にも求めていることでした。「これまで入園後のよしこの成長は著しかったのだからもっと一生懸命対応すればもっと成長するのに」という期待をもっていました。だから母親に「違うわよ」といってしまうと思われました。保育者が一生懸命で，何とかしたいという強い熱意が伝わってきました。

まず，母親の姿勢と保育者の姿勢の足並みをそろえること，よしこちゃんなりの育ちを両者が共感し合うことを目指しました。母親と保育者を前におまま

ごとで集中してあそぶよしこちゃんの姿を見ながら相談員はあえて以前の動き回っていたよしこちゃんの姿をことばにして比較しながら，変化を確認しあいました。そうすることでよしこちゃんの成長を母親と保育者がともに喜ぶことを求めました。特に保育者は入園前のよしこちゃんの落ち着きのない動きを知らないからです。またよしこちゃんは発達検査で2歳前半，目の前に見えていることに対応するので精一杯でした。身辺自立は毎日の繰り返しのなかで身についてきていますが，友達との遊びのなかで必要になることばのやりとりにはイメージの広がりが必要で，大人に間を取り持つことをしてもらわないと無理であろうことも伝えました。常に具体的な手がかりを与えて対応してほしいとお願いしました。

　園側はこの時期は保健センターに申し出るなど，専門機関にサポートを広げ保育上の取り組みを試行錯誤した時期でした。また相談員も保育者と母親の保育に対する思いを一致させていくことを目指しました。連携は互いの保育への熱意が弱すぎても強すぎてもうまくいかないのです。

8-4-3　第II期　保育者との関係調整：2歳後半から3歳前半

　よしこちゃんの心理相談にはいつも保育者も同行するようになりました。父親も第2子を連れてよくいっしょに参加するので，相談はいつもにぎやかになりました。毎回よしこちゃんの家族と始めに相談をし，ある程度終わったところで保育者に入室してもらうかたちをとりました。

　よしこちゃんに自我が芽生え始めました。母親はよしこちゃんに振り回され，手を焼いているようでした。母親は「成長が停滞しているのは自分のせいだ」といいました。また朝夕の送迎時の保育者とのことばのやり取りもまだストレスを感じていたようです。「妹に向ける時間を削ってよしこちゃんの相手をしてあげれば」といわれ，「自分はそんなに器用ではない」と落ち込むとのことでした。よしこちゃんは発達検査をとても楽しそうに行いました。人とやり取りすることが楽しいという感じが伝わってきました。発達年齢はちょうど2歳くらい。ことばの量が増え，単語を繋げて2語文で目の前のことをよく話しま

した。一方，性の区別や大小概念など抽象概念の獲得をみる課題はできませんでした。積み木では簡単な形なら模倣することができました。したがって視覚的な手がかりを用いながら具体的にパターンで理解しているところで，先を見通すことや体験していないことをイメージすることは難しい状況でした。

保育者は「大人との関係も十分でなかったよしこちゃんが他児との関係をむすべるようになり，遊びも広がった」こと，ただし「欠席した後や週明けの落ち込みがひどく，身についたはずのことが，積み重ならないので歯がゆく思う」とのことでした。口にこそ出しませんが，欠席している期間の家での対応状態が悪いのではないだろうかと思っているようでした。

アセスメントと助言

よしこちゃんは相談室でままごと道具を使って遊びをやりとりするなど成長がみられました。ただし同じことの繰り返しでかなりパターン化した遊びになっていました。一人遊びにさせずできるだけ働きかけながらやり取り遊びを発展させることを心がけることが大切だとアドバイスしました。次の活動への見通しがきかないのはパターンの中にない動きだからでしょう，とも付け加えました。この時期は保育園と家族の間に立って両者の間を取り持つことをしながら間接的援助をしていた時期でした。これはあらかじめ電話で保育者から相談されたのですが，「第2子も保育園にいれてお母さんの育児の負担を軽くしたらいいのではないか」と言われました。これに対しては「お母さんは器用ではないかもしれないが，第2子の成長を心の支えにしているのですから，求めてくるまでそっとしていてほしい」と伝えました。保育者の気持ちは理解できますが，母親から「下の子の子育ては成長が実感できてうれしい」と聞いていて，負担というより支えにしているようでしたからそれを伝えました。直接話すと関係がスムースに維持できないとき，またよしこちゃんの母親のように自分の気持ちを相手に表現することが苦手なときには，相手にその気持ちを代弁することで両者の関係が維持できれば連携して取り組むことがよりスムースになります。

また保健師に保育園へ出向いてもらい，精神科に通院中の人や既往歴のある

人への対応について注意することなどを保育者に説明してもらいました。朝夕の送迎の際に保育者が母親と交わす言葉かけへの配慮につながればと保健師の専門性を活かしたアドバイスをしてもらいました。保育者からはそのアドバイスが好評で、「自分ではお母さんのためと思って励ましている毎日のことばのやりとりも、もう少しお母さんの立場にたたなければと思った」との感想が寄せられ、連携がまたひとつ強まったとの思いがしました。

8-4-4　第Ⅲ期　保育体制の再編成：3歳後半から4歳前半

　互いに連携しあいすすめてきましたが、よしこちゃんの発達の伸び悩みが深刻になってきました。言葉は単語を中心に明らかに増えており、また遊びもままごと道具を使って昨日の様子をストーリーにしたてていたりするのですが、ワンパターンの繰り返しです。家では大きな問題を感じない母親も、クラスの子どもたちのなかでよしこちゃんをみると違いを確実に感じているようでした。

アセスメントと助言

　よしこちゃんの発達検査をすると3歳くらい。ちょうど1歳くらいの遅れでした。よしこちゃんなりに成長しているのですが、やはり他の子どもの表現力や認識力の高まりと比べると母親が違いを感じるのは無理ないことだと思われました。特に活動の切り替えに難しさがあり、園でパニックになることもしばしばありました。保育者は来年度クラスの子どもたちのなかでよしこちゃんをどう援助していくか悩んでいました。特に次年度は4歳児クラスとなりクラスの構成人数も増え、保育者も減るので、これまでのように保育者がよしこちゃんの必要に応じて個別に対応するチャンスがなかなか見つけられなくなることを心配していました。他の子どもたちの動きにまぎれてしまうことがよしこちゃん場合予想され、ていねいな働きかけができるだろうか心配していました。母親と父親も含め保育者と心理相談員、地区の保健師とで話し合いました。母親はよしこちゃんが保育園に楽しそうに通っていると感じていて、保育の場がよしこちゃんにとって大切な場だと思っていました。その保育の場での次年度の受け入れ体制が厳しいことを聞き、何とかしなければと感じたようです。障

害児認定をした上で保育者加配の申請をしたらどうかと提案しました。父親と母親に次回までに決めてもらうことにしました。結局加配をすることとなり，申請をし保育者が加配されることとなりました。

次年度4歳児クラスで，よしこちゃんに保育者が加配され，活動の切り替えのときにも混乱がないようによしこちゃんにていねいに関わっています。よしこちゃんの育ちも着実にみられ慣れた場への見とおしなら可能になってきています。

8-5 保健センターの心理相談員が保育者に行うコンサルテーションの特徴

8-5-1 親を支える立場にたつ

本事例は先述したように，保健センターでの心理相談のなかで必要となり実施した保育者へのコンサルテーションです。ですから保育の場に関わる全ての心理相談事例において保育者のコンサルテーションをしているわけではもちろんありません。ただ，発達の問題をもつ子どもたちは保育上の悩みが生じやすいことは全てに共通しているので，保育者たちの多くが悩みを抱えながら保育をしているのが現状だと思います。今のところ，保健センター事例を保健センターの心理相談員が保育者に対してコンサルテーションを行うシステムは確立していません。現実問題として，保健センターでの心理相談という限られた時間枠のなかで親子の相談以外に保育者の話もきいてコンサルテーションを行うのはかなり厳しい状況です。しかし本事例のように，そこでの保育者とのやりとりが子どもや母親の支援に結びつくことが予想される場合は，相談過程で大きな効果が期待できます。保健センターで子どもの発達支援をしていくとき，多くの親はさまざまなストレスを抱えていることを実感します。親をしっかりと支える人々の存在が必要です。父親や祖母など家族，友人はもちろんですが相談員が母親を支える立場になりながら相談を進めます。本事例でも相談員は親を支えるという立場をとるかたちで相談がすすめられました。つまり母親を支える立場にありながら，同時に保育者へのコンサルテーションを行うのは保

健センターの心理相談員ならではの特徴だといえます。

8-5-2　チームアプローチにおけるチームの一員をめざす

　保健センターの心理相談員は常駐した勤務ではありません。さまざまなサービスの窓口は通常保健師です。このように常時連絡が可能な存在である保健師との協力体制なしに心理相談は成り立ちません。相談の予約日以外に心配になって電話してくる母親もいます。そのようなときには地区の保健師が対応し，カルテに記入しておきます。その中身は次回の相談の判断資料になります。また相談日の様子もカルテに記入すると同時に担当の保健師に簡単に報告しておくと，次回の相談日までに連絡が入ったときに対応する際，参考になります。本事例でも，保健師が電話相談をうけ，個別訪問の後，心理相談につなぎました。また相談の過程で保育園への緊急入園措置が必要となり，経過報告書を保健師が作成し，母親の医学的診断書を医師が作成したり，心理経過報告書を心理相談員が作成したりしました。また心理相談の経過で母親が保育者とのことばのやりとりで落ち込むことが続いたことを心理相談員から報告を受けた保健師が，保育園に出向いて保育者へ精神疾患患者への一般的対応についての研修をしました。毎回，相談後には保健師や医師や他の心理相談員も交えてカンファレンスをもちました。各々が専門分野での毎回の診たてを情報としてやりとりしながら可能となった相談事例です。

8-5-3　保育者と保護者の協力への支援

　本事例では母親が保育者とのことばのやりとりにストレスを感じていました。保育者が子どものためあるいは保護者のためと思って伝えることが保護者にきちんと受け取ってもらえないことはつらいものです。ただ本事例では母親もつらい状況でした。ことばの伝え方に原因がある場合もありますが，本事例のように母親の心身の状態に配慮したことばのやりとりが必要な場合にはそれにあわせた対応をしなければ相互理解が得られません。そこで母親の思いを相談員が保育者に伝えたり，保育者側の思いを間に入って親に伝えたりして相談員は

両者の関係を調整していきました。保育者と親との直接のやりとりが難しい場合，間接的に相談員が伝えることで，両者のストレスを緩和し，関係がスムースになることを目指していきます。

8-5-4 子どもの発達像を伝える

保育者は保育の場での日々の子どもの姿から自分の保育という行為をふりかえったり，立ち止まったりしながら次の新たな保育に向けての保育の見なおしを常に行っています。忙しい保育のなかで保育者があえて心理相談の場での様子を参考にしたいと考えるのは，子どもの異なる見方にふれることができるからだと前述しました。子どもの異なる見方を重ね合わせる，すなわち子どもを多角的に見るということは保育の原点ともいえます。したがって，相談員が保育者に対して行うコンサルテーションにおいては心理相談員が捉えている子どもの見方，状態像を保育者にきちんと提示していくことが必要です。もちろん単に列挙するのではなくそれをふまえて日々の保育への応用を考える材料として提示することが必要だと思います。

8-6 おわりに

心理相談を行う上でも保育中の様子を保育者から聞くことは参考になりました。多くの保育者が保育中の様子と相談室の子どもの様子は異なると指摘するのと同様，子どもは保健センターでの心理相談の様子と異なる姿を保育の場で見せています。相談過程で相談員がこのような姿の違いを知ることは相談のなかでもとても大切な判断材料になります。さまざまな人間関係，子どもの見方にふれることができ，それらは母親の子育てへのアドバイスを行う上で，また子どもの発達像を捉える上で参考になります。

保健センターは子どもが保育の場に入る以前から親子が相談の場として利用することの多い場です。特に乳幼児期という早期から子どもや家族の問題を受け止めてきた専門機関です。その専門機関のチームの一員が，その後の生活の場である保育の場の専門家，保育者へのコンサルテーションを行っていくことはもっと必要とされるべきことであると考えます。

9 軽度発達障害児の発達理解を通して保育実践を支援したコンサルテーション
―学童保育所における事例(1)―

9-1 学童保育所におけるコンサルテーションの概要

9-1-1 学童保育所と統合保育の現状

　放課後の子どもたちに安全で豊かな時間を保障することは，現代の子育て問題のなかでも危機的な課題であると言われます。障害のある子どもにとっては，問題はもっと深刻です。卒園を境に保護者が仕事を辞めざるを得なかったり，地域での友だちもなく家でテレビやビデオを見て過ごしていたりします。保護者が病気や家族の介護などで保育が困難になると，施設へのショートステイも余儀なくされることがあります（全国学童保育連絡協議会，1998）。障害のある学齢期の子どもと保護者にとっても，保護者の就労の保障や，時にはレスパイト的な役割をも担える受入先，そして何よりも，子どもの豊かな発達が保障されなければなりません。

　学童保育所は，保護者が安心して働くことや，放課後の子どもの生活と発達を保障する重要な子育て資源であり，障害のある子どもと保護者にとってもまた，きわめて有効な資源になり得ます。学童保育は1997年の児童福祉法改正によって「放課後児童健全育成事業」としてようやく制度化されました。学童保育所における障害児の受け入れも，保護者の切実な願いと学童保育の制度化に伴い，たいへん不十分ながらも，徐々に，確実に広がってきました。[1]

　この動きは今後もいっそう拡大すると予想されます。ところが大部分の自治

体では，障害児の受け入れを支える指導員の加配，施設整備などの財政措置，指導員の研修の保障，専門機関からの支援などの諸条件が整っていません。加えて，保育の実践的・理論的検討の積み重ねもきわめて不十分です[2]。多くの指導員は保育の現実が先行するなか，試行錯誤をしながら，不安と戸惑いのなかで保育に当たっているのが現状です。

9-1-2 学童保育所におけるコンサルテーションの特徴

9-1-2-1 学童保育所における統合保育の特徴に応じたコンサルテーション

学童保育所における統合保育には次のような特徴があり，コンサルテーションはそれに応じて行います。

第一に，子どもの事情と保育所の条件に事例による違いが大きいという特徴があります。子どもの事情としては，在籍小学校の違い（普通学級，特殊学級，盲・聾・養護学校）があります。生活年齢も幼児の延長（1年生）から，思春期（5，6年生）まで幅があります。保育所の条件には，自治体や保育所によって運営形態や人的・物的条件に大きな格差があります。事情に応じたニーズの違いを知り，実情に即した支援を行うことが必要です。

第2に子ども集団の特性から生じやすい問題があります。学童保育は基本的に低～中学年児童の集団です。障害のある子どもを受け入れるにあたって発達の水準の違いは大きくなりやすく，学童保育の資源のなかでどんな遊びや活動なら共にできるのか，という悩みが保育につきまといます。また，あまり緊密ではない集団のなかで自由な遊びが展開されます。そのなかで障害のある子どもの姿を明確に把握し，一定の方向性のある働きかけを継続することに，保育の困難が生じます。問題の把握と解決にはこのような要因を踏まえることが必要です。

9-1-2-2 学童保育の目的・役割に即したコンサルテーション

学童保育には保育指針のようなものはありませんが，保護者の就労を保障し子どもを保護する保護機能，および子どもの成長を支援する発達保障機能の二つを担うことは，共通に認識されています。前者は家庭で過ごすのと同様に，

子どもの心身を休ませ，学校のカリキュラムから解放されたゆとりや，子どもの自主性や自発性を尊重することです。後者は，異年齢集団による仲間関係を育み，地域での生活の自立に向けて社会性を育て，豊かな遊びの実現のために指導性を発揮することです。ところがこの点に関して，指導員はしばしば，指導性の発揮は自発性を損なうのではないか，というアンビバレントな悩みに陥ります。さらに，前者は比較的分かりやすいのですが，後者についての基準や内容は明確ではありません。そのひとつの理由は，学齢期の子どもの生活の力，遊び，社会性，自我人格などに関する発達的な知見の蓄積が十分ではないことにもあるでしょう。十分ではないながらも発達理論からそれら学齢期の子どもの発達を探り，事例に学びつつ，学童保育にあるべき働きかけとは何かについて指導員と共に考えながら，二つの目的を矛盾なく満たす保育への支援が求められます。

9-1-2-3 指導員の専門性と特性を考慮したコンサルテーション

コンサルティである指導員の専門性と仕事に関する基準についてはさまざまな議論があり，指導員の資格要件も自治体によってさまざまです。相談員は，学童保育において指導員の共有する価値基準や規範などを知ることに努めながら，各々の指導員の持ち味や優れた特性を見出し，それに合わせて発達的視点をわかりやすく提供し，共通認識を作り上げていく力が必要です。

9-2 軽度発達障害児の発達理解を通して保育実践を支援したコンサルテーション

9-2-1 自治体の受け入れ体制と事例の概要

9-2-1-1 自治体の受け入れ体制

本章と次章で事例を取り上げる自治体では，公設公営の学童保育所において1981年に障害児の受け入れが制度化され，指定方式ではない全保育所での受け入れ，障害児対応のアルバイト指導員の加配，職員研修が保障されました。その後，受け入れの拡大に伴い，指導員の不安や保育の悩みに応える援助の必要

性が大きくなり，1991年より巡回相談事業が開始されました（筆者と次章の筆者は事業開始と共に今日に至るまで，巡回相談員と障害児保育研修会講師を務めています）。

指導員の研修は年2回，巡回相談は1施設につき年2～3回行われています。学童保育所は小学校学区域ごとの児童館に所属し，そのほとんどが児童館内に併設されています。在籍児童数は1保育所につき45名前後，正規指導員は2名，障害児の入会については1ないし2人につき1人の非常勤指導員の加配があります。また，障害児に限り小学校6年生までの学年延長が認められています。

なお本自治体における巡回相談では心理検査を行いません。本章と次章は，そのような条件の下で行ったコンサルテーション事例です。

9-2-1-2　事例の概要

普通学級に所属しながら，「軽いことばの遅れ」「軽い発達の遅れ」として，あるいはなんら障害に関する情報のないまま入会し，入会後にトラブルが多発し集団保育が困難なことが判明する子どもがいます。そのなかに，LDやその周辺に位置する軽度発達障害の子どもがいます。かれらは就学前後の時期にはまだ明確な診断がつけられなかったり，その時期になって問題の輪郭が明らかになります。そのため，子どもは適切な教育的援助サービスから抜け落ちたままであったり，障害に関する情報も不足しがちです。

子どもは一見他児と大きな違いはないように見えるため，指導員は「性格やしつけの問題なのか。これも障害なのか」という問題のとらえかたの迷いから，「どんな方法で子どもを援助すればよいのか。援助が依存心を助長することにならないのか」といった保育実践への迷いや，障害への理解と保育観の葛藤のなかで悩みます。また，しばしば保護者の障害受容が難しいために，保護者と協力関係を結ぶことや，療育機関との連携形成にも困難を抱えます。

事例では，このような子どもの受け入れに際し，特徴的に見られる保育の困難と指導員の悩みに対して，障害の特定を含めた発達の的確な理解を通して保育実践を支援したコンサルテーションを紹介します。

9-2-2 コンサルテーションの経過
9-2-2-1 相談までの経過

　和也君は普通学級に在籍しています。てんかんのため保育園時代は障害児加配を受けていました。入学と同時に学童保育所に入会し，てんかんという要件によって障害児加配を受けました。入会当初から友だちとのトラブルが絶えない子どもでしたが，1年生でまだ幼いこともあり，指導員は危険防止を第一に，様子を見守っていました。しかし，1年を終わる頃になっても対応は難しくなる一方でした。そこで巡回相談が依頼されました。学童保育所は児童数52名，正規指導員2名と障害児加配非常勤指導員1名，過剰定員に対するアルバイト指導員1名が配置されています。

9-2-2-2 巡回相談の経過
(1) 2年生1学期

　問題状況を把握し指導員の理解と対応の転換を図る。指導員の危機感に対し心理的安定を支援する。

アセスメント1　指導員の問題意識の把握　事前資料によると，1年生入会時の発達の状況に関しては「ほとんど問題はない」とありました。保育園での状況は不明です。専門機関の受診については，記載がありません。家族は父母と5歳の妹がいます。

　指導員は，深刻な悩みを抱えていました。和也君はおもちゃの貸し借りで譲れなかったり，「1番」にこだわったりしてトラブルになります。トラブルになると顔つきや行動が豹変し，衝動的に一輪車やホッピングなどを投げたり，他児を洋服の上から歯形がつくほど嚙んだり，暴言を吐きます。明らかにウソだとわかることを真顔で言うこともあります。生活面では，おもちゃの片づけや帰りの支度などになかなかとりかかれません。

　事前書類の主訴の欄には「わがままなのかてんかんという障害に関係があるのか教えてほしい」「今日わかったと思えたことが翌日はゼロに戻っていたり，日々の積み重ねが感じられないことが多い」と記載されていました。指導員は和也君の問題行動への対応に危機感を募らせると共に，和也君をどう理解した

らよいのか，途方に暮れているという状況でした。指導員は保護者とは何度か面談を試みていましたが，なかなかスムースに話し合える関係が結べません。また保護者は，和也君が他児にケガを負わせても，相手の保護者に対して円滑なコミュニケーションをとらないため，保護者同志の関係もぎくしゃくしがちで，仲介をはかろうとする指導員は，その気づかいのために精神的にも疲労しているようでした。

　相談員は，和也君に関して「てんかん」という医学的情報以外には，保育に必要な情報がほとんどないことが，指導員の危機感と保育の混乱の大きな原因であると考えました。和也君の行動・情緒的問題に対して，発達と保育の問題状況を明確にし，適切な保育の対処につなげることが重要と思われました。

アセスメント 2　発達，保育，周囲の環境のアセスメントと仮説形成　和也君の認知発達に関しては，ことばの面では，言われることはよくわかりますが，伝えるときは，ばらばらと単語を並べたように話します。字は平仮名までは読め，絵本をたどたどしいながら読みました。平仮名はなんとか書けますが，漢字には苦労していました。記憶と時間認知の特異的な問題もありました。忘れ物は学校でも保育所でもしょっちゅうです。時間の長さをおおまかにとらえることや，曜日や月日や学期や年といった，大きな時間の流れに関する感覚もあやふやでした。そのため，時間の感覚に沿って，「あと少しで○○をする時間になる」「○曜日には△△があるから今日は□□をしなくてはいけない」などという保育所のスケジュールを理解したり，自分なりの意図や作業量の予測を持って動いたり，遊びを切り上げたり，待ったりするには大変困難のようでした。また，視覚認知の面では「全体」が把握できないようで，おもちゃの部分的な色や，周りから見ればなんでもないパーツや一部の並べかたなどにこだわります。そのためしばしばケンカになったり，次の行動に切り替われなくなりました。

　いっぽう和也君は，人と関わりたい気持ち，遊びへの意欲，子どもらしい素朴な好奇心は旺盛に持ち合わせていました。生きる力の強さや大きなエネルギーを感じさせられる子どもで，これらは和也君のすばらしい側面でした。しか

し「人と関わりたい」という気持ちは，場面によっては注目を求める行動になります。集合場面ではやみくもに前に出たがり，その場の話に関係なく声を上げ，注意されればされるほどそれはエスカレートし，状況にそぐわない幼い行為になりました。その行為は，理解できない場面でも集団に参入し，みんなに認めてもらいたい気持ちを満たすための手段のように思われました。

　他児への暴力行為は，和也君のルール破りによるトラブルの場合のほか，発語力の未熟さのためや，他児の態度にも原因があって起こるようでした。そして，友だち関係をその場で調整する大人がいないことが，トラブルを大きくしていました。たとえば，日頃よく遊び，和也君の"理不尽な"行為や乱暴な行為を我慢していることが多いという友だちから，いきなり「和也はバカだからいじめていいんだ。遊ばせなくていいんだ」と言われ，物を投げつけられました。和也君はじっと我慢し，ことばで一生懸命に返しますが，言いたいことがうまく表現できず，ついにぽろぽろと涙を流し物を投げて応戦してしまいます。そこで気づいた指導員に「和也君！！」と一方的に注意されてしまいました。

　学校，保育所を通して，和也君に対する否定的な解釈，評価が定着しているようです。和也君もそれを感知し，甘受し傷ついているようでした。みんなに認めてもらいたい気持ちの強さは，ここからも生じているようです。生きる力の強さを感じさせつつも，他者となにか違う自分に気づき始めていること，低い自己評価のために，葛藤的な場面での自己コントロールの力の育ちが不十分であることが疑われました。

　保育では和也君に対して，担当は決めず全指導員がそれとなく配慮する，という体制でした。和也君の発達の未熟さに対する特別な配慮に欠け，子どもどうしの関係の調整がなされていないことが，和也君の問題行動を生んでいると思われました。

　学校では，ほとんど毎日の残り勉強（補習）があり，その内容は皆と同じということから，和也君のレベルには不適切でした。ここから，担任教師の和也君に対する問題意識のずれが推測されます。また，ほとんど毎日の補習は保育所での大好きな遊びの時間を制限し，ストレス要因になり，和也君の生活全体

から見ると決して良い効果を生んでいないようでした。

　家庭の状況に関しては，良い関係がとれず情報が不足している，ということ自体が情報でした。このような認知と社会性の問題を多く抱える子どもの場合，保護者はしばしば乳幼児期から育てにくさや理解のしづらさに悩み，とくに母親はその養育態度を責められ周囲にあやまり続ける経験を積み重ねていることが多く，結果として強い防衛の態度を取りやすいものです。また，和也君はケンカの後「（連絡帳に）ぜったい書かないで！」と指導員に訴えることがあります。子どものトラブルを聞かされ続けた，過去からの親子関係のもつれが推測されます。さらに相談機関の受診の経験がないらしいということから，発達を的確に理解した対応がなされていないことが推測されます。和也君の情緒的な混乱のしやすさには，二次的なもつれとして，家庭での対応や安定的な親子関係の形成の問題も絡んでいる可能性が高いと考えました。

　総合すると，和也君には認知発達の未熟さがあり，なかでも記憶や時間認知や視覚認知などに特異的な偏りがあると思われました。またそのことと，状況の把握や対人関係の対処の未熟さや社会性の問題になんらかの関係があると推察されました。そしてそのような和也君の発達の状況に対して，保育所，学校，家庭での的確な理解と対応が不足しているために問題が生じ，そのためさらに和也君の情緒的混乱が生じ，相互作用的に問題が悪循環しながら増幅しているように思われました。

　問題解決には，指導員が和也君の発達を理解し問題への見方を転換すること，特別なケアを保障する保育に踏み込むことが必要でした。

カンファレンス　相談員は，まず主訴の一つである「てんかんと問題行動の関係」から説明することが分かりやすいと考え，てんかんに関する基礎知識を説明するとともに，問題行動との直接の関連はないと話しました。そして「"わがままだから"でもなく，認知発達の弱さとその場の状況によって問題が生じている」というみかたに，指導員からの多くの質問や意見を交えて話し合いました。指導員はそのなかで，抱えてきた数多くのストレスを一気に吐き出すかのようで，指導員の気持ちを受け止めることはカンファレンスのもう一つの役

割となりました。和也君の障害に関しては，相談員は，LDかそれに類する認知発達の弱さと偏りをもった発達障害である疑いがある，というみかたを伝えました。学童保育所は学校ではないので，LDという学校教育的文脈での判断名を伝えることは必ずしも妥当ではないのですが，おおもとの原因は発達障害，すなわち生まれながらの中枢神経系の機能障害である，という問題の本質を理解してもらうためには必要なことであると考えました。

保育の対処に関しては，トラブルを未然に防ぐため，またトラブルによって他児からの評価と自分自身の評価を下げないためにも，子どもどうしの関わりを調整する大人の積極的な介入が必要であると助言しました。担当指導員を固定し，遊びに介入し，一つひとつの場面で和也君の状況の理解を補い，相互交渉の力を育てていくことが大切であると話しました。そして，和也君の長所である，みんなと関わってたくさん遊びたい気持ち，みんなのなかで自己を表現したい気持ちをできるだけ満たしていくよう助言しました。集合場面では指導員の目が届きやすい最前列に席を替え，適応的な姿を他児のなかで作っていくこと，トラブルになりにくい友だちで班を編成し直すこと，などを助言しました。

学校に対しては，保育所の活動に合わせて補習の曜日を決め，その内容も和也君の習熟度に合わせてもらえるよう，教師との話し合いをすすめました。今後の連携に備え，和也君に対する教師の問題の捉えかたと子どもたちの和也君への見方について情報を得るよう助言しました。

保護者に対しては，その防衛意識の強さには無理からぬものがあることに思いやりながら，和也君の状況を連絡帳で「よいところを10個，お願いしたいことを1個」ほどの割り合いで肯定的に伝えていくよう助言し，できるだけ早く専門機関との連携を図っていくことを話しあいました。

(2) **相談後の保育と危機介入**

保育では，和也君が一見他児と変わらないため，他児たちの手前もあって，特定の指導員を固定するまでには踏み切れませんでした。自由な遊びを邪魔するのではないかという思いもあったとのことでした。そのため児童館職員も加えて「職員が散らばり，和也君の行くところのその場の誰かがが常に見るよう

にし，こじれる前に指導する」という体制になりました。

ところが，夏休みに入り保育が終日になると，30分の勉強時間のストレスやおもちゃをめぐってのトラブルが爆発的に増えました。衝動的に物を投げる，嚙む，なぐる，蹴るといった暴力行為が頻発しました。

ここで指導員から相談員とのコンタクトがとられ，混乱状態の原因と対策を話し合いました。家庭で用意するという勉強の内容の質と量が不適切なこと，それをしないと家庭で妹と比較されて叱られるらしいことも一因でした。保育対処にも原因がありました。「誰かが見る」方法では，誰も責任をもって和也君の気持ちや行動に沿って見ることができません。「その場」にいる指導員や児童館職員は，その場，たとえば図工室に来る子どもたち全員についての指導が第一の仕事ですから，和也君に対してタイムリーに的確な対応はとれません。特定の指導員を配置し，好きな遊びを選んでそれが十分に遊べるように設定し，意図的に保育の場を作っていくことを確認しあいました。

指導員は話し合うなかで「腹をくくるしかない」と，気持ちが固まり，保育の介入を積極的に行うことを決めました。また，保護者の和也君への対応の問題はますます深刻になっているようでした。次回の相談で相談員を交えた保護者との話し合いの時間を設定するよう調整しました。

(3) 2年生2学期

発達障害としての子どもの理解を促進する。指導員の新たな悩みに対して対応する。協力と連携への積極的な支援を開始する。

アセスメント1　指導員の問題意識の把握　保育所では「和也君が気持ちよく遊べて楽しかったという一日が過ごせるように，和也君の遊びにとことんつきあう」という目標を立て，非常勤指導員を和也君に固定し，好きな遊びを二つ選んで毎日行うよう，保育体制と対応を変えました。トラブルは大きく減りました。和也君は「やりたいことが十分できると人間はこんなに変わるものか」と指導員が思ったというほど，目に見えて落ち着いてきたとのことでした。しかし指導員は，じつのところ，障害を十分理解しきれないために，特別な援助をどこまで行うかに迷い，保育観との葛藤に悩み，「和也君だけ手厚くてもよい

のだろうか」という全体の保育とのバランスにも悩んでいました。相談では，子どもの発達の状況についてさらに細かくアセスメントし，特別な援助の必要度をみて，指導員の迷いについて支援することが重要であると考えました。

アセスメント2　発達，保育，周囲の環境のアセスメントと仮説形成　発達に関しては，第一に認知的な特性と身体知覚の問題がありました。まず視覚的な処理の問題がありました。たとえばドッジボールゲームの流れのなかで，和也君は，"誰が今誰に何をしたか。ボールがどこにいったか"と，主となる対象を全体のなかから焦点化し追って見ることがありません。一つひとつの指導員の声かけを聞いて動きます。

　空間認知と身体知覚の協応の問題もありました。たとえば，昔ながらのゴム跳び遊びに入っていき，ゴムを持つ役割を振られた和也君は，もう片方の相手が掲げるゴムの高さに対して，困り果てた表情をしながら，まったく違う高さに上げ下げします。跳ぶ番になると，目―手―足の動きがばらばらです。懸命に踏み切ろうとするのですが，踏切の位置がつかめないままゴムに突進し，ゴムと共に走り抜くだけになります。ゴムをくるぶしからふくらはぎの間あたりに設定してもらい，4回目で成功しました。皆に大拍手され，和也君は嬉しそうでした。めげずに向かっていく和也君の姿は得難い長所と思わされると同時に，日々の苦闘ぶりが象徴されているようでした。

　第二に認知面の弱さから生じると思われる，社会的認知の未熟さ，自己コントロールの弱さと心理的不安感のあることを確認しました。

　和也君は周囲の状況や場面の意味が十分理解できないため，他児からのちょっとしたことばのはしを誤解し，冗談にも過敏に反応したり，ルール違反や間違いを指摘されると，過度に感情的になりスムースに修正できません。相手からの見方や互いの関係を理解できず，しばしば「～された，～の目にあった」ということばで自分の経験を伝えようとします。それは「ウソ」ではなく，和也君の理解のしかたであり，また認知的な混乱による迫害的な不安感を表しているようにも思われました。

　また和也君は前回にくらべ表情に硬さがあり，指しゃぶりもありました。人

間関係の上下，強弱の部分にも敏感でした。おとなしい子，やさしい子には足蹴にしたり，3，4年生がいると不機嫌になります。自分が下になる関係は不安になり，上になりそうな場合は力で自分の強さを誇示しようとしました。できないこと，わからないことがいっぱいの自分を自分でもよく分かっており，自信のなさ，不安感の強さがうかがわれました。そのためもあって衝動的に手が出たり，人間関係を「強─弱」「支配─服従」関係で対処しようとするようです。

保育ではさまざまな手立てがとられていました。集団遊びでは，和也君担当指導員が皆をリードしながら，和也君が理解につまづいているであろうゲームの進行や状況の意味をタイミングよく教えたり，それとなくゲームの流れを変えたり，場面の切り替えに備えて遊びを収束させていきました。保育室の席も替えられ，和也君の班も穏やかな子どもたちで構成され直していました。和也君への固定的対応を保障するために，全指導員の役割分担が明確でした。正規指導員の子どもたち全体への関わりは細やかで，特に遊びの指導は充実していました。これが，和也君の「特別扱い」を目立たなくさせ，他児を納得させ理解を生んでいました。

学校に対しては，指導員からの再三の申し出の末，ようやく補習や宿題の内容や友だち関係について担任教師と話し合いができたとのことでした。学校での学習と友だちとの問題は大きく，教師は保護者との関係形成に悩んでいることがわかりました。

家庭の様子に関しては，あまり情報は得られないものの，保護者が相談員を交えた話し合いに応じるまで，関係が緩和されてきました。保護者は翌年入会予定の妹については，時折なごやかに話すようになりました。指導員は，妹の存在が保護者の心のよりどころのようだが，和也君の気持ちを思うといたたまれない，とのことでいた。

総合して，和也君の周囲の環境認知，知覚と身体の統合の問題は発達障害と言えるものでした。そして，優れた保育のとりくみから保育所では和也君が落ち着き始めているが，保育以外の場において問題が大きく，2次的な情緒社会

的問題は深刻になってきているようでした。指導員の悩みに応えて保育の意欲を支え，早急にきちんとした発達評価に基づく療育につなぎ，学校と家庭での的確な対応をとることが必要と考えました。

カンファレンス　相談員は「ごまかしやわがまま，努力不足」ではなく発達と障害の問題であることを，指導員の意見や疑問を加えて詳しく話し合いました。そして保育ではすばらしい取り組みから現在よい成果が出ていること，続けて現状の特別なケアを行う保育が必要という見立てを伝えました。その上で指導員の悩みについて話し合いました。

　指導員は「思い通りにさせることは長い目で見るとマイナスではないか。わがままの助長ではないか」と悩んでいました。これに対して，現在の保育こそ長い目で見るとプラスであると伝えました。それは和也君の発達に必要な援助であり，満足できる時間を作ることは，肯定的な自己評価や心理的な余裕を育てることであると話しました。自己コントロールの力は，"できる自分，わかる自分"の積み重ねのうえに作られていくこと，そのなかで，社会的なルールを学習させていくことを長期的な目標とするよう助言しました。さらに，LDやそれに類する発達障害を持つ子どもが適切な対応が不足する場合にたどりやすい，思春期以降の社会情緒的な問題の進行の危険性に関して説明しました。10歳頃から始まる，社会性や自我の発達にとって危機的な段階を見通して保育にあたることが非常に大切であり，そのような保育の意義はきわめて大きいと話しました。指導員も和也君の将来に対してつねづね心配しており，特別なケアを行う保育の意味についてさらに納得できたようでした。

　「他の子どもたちは頑張って健気に和也君に対応している。子どもたちに我慢させているのではないか」という思いに対しては，保育場面での姿を説明しながら，和也君も非常に頑張っていること，その姿を認める必要があることを話しました。また心理的な不安感があることから，「少し甘やかしすぎでは」と思われても，学校や家庭での厳しい状況を推察すれば今は適切ではないか，という見方を伝えました。「和也君だけ手厚くてよいのだろうか」という問いに対しては，和也君に対する特別な保育は，他の子どもたちにとっても居心地

のよい環境を作るはずで,現在の保育全体の安定のために最も必要としており,職員体制の現実を考えれば,最良の手立てと考えられることを伝えました。学校に対しては,指導員が連絡をとりながら,相談員も教師との話しあいの時間をとることにしました。

保護者との話し合い　指導員は,好調な和也君の状態について話し,相談員は和也君の発達の状況をていねいに説明しました。母親からは話をすすめるうちに,4～5歳の頃専門機関をいくつか受診したことがあるが,「育て方が悪いと言われるか,ただ"うん,うん"と聞いているだけで具体的な助言がもらえなかった」こと,それ以降抱いている専門機関に対する根強い不信の思いと,いかにふだんの生活が大変かが語られました。指導員はこのとき母親と初めて多少なりとも本音で話せたと感じた,とのことでした。相談員は,適切と思われるいくつかの専門機関を紹介し,受診を勧めました。相談の後,相談員は,LDの親の会の連絡先と,母親が非常に悩んでいるという忘れ物対策と時間の理解のしかたに関して,わかりやすい指導方法の書かれた文献のコピーを,報告書の送付の際に保護者あてにと付けました。

(4)　**相談を受けて——その後の状況**

指導員は和也君の発達と将来の見通しから「現在の保育でよい」と説明されたことで,非常に楽になったということでした。また相談員から「和也君も健気に頑張っている」と言われ,「目からうろこが落ちた」といいます。思う通りにならないとトラブルを起こすように見える和也君に対し,どうしても「わがままだし,頑張れない」と思ってしまい,「和也君だって頑張っている」などと考えたこともなかったと,後に語られました。

保護者は指導員と相談しながら専門機関の受診を決意しました。受診の結果,和也君は,知能は境界領域にあるLDの周辺児と考えられる,とのことでした。コンサルテーションにおいては,検査結果を保護者から提供してもらい,保育の参考になるよう,相談員はその数的結果とプロフィールの解釈を行いました。保護者は専門機関での相談に通い,徐々に通級学級や特殊学級への通学を選択対象に考え始めました。相談はその後「放課後を自立して過ごし遊ぶ力をつけ

9 軽度発達障害児の発達理解を通して保育実践を支援したコンサルテーション

る」ことを目標に4年生終了時の卒会まで続きました。

9-2-2-3 何が支援されたか
(1) 発達理解を通しての保育実践への支援

　LDやその周辺に位置する軽度発達障害の子どもたちの保育支援では，原因が見えにくいうえ，幼児期からの情報も少なく，まずは問題を正しく把握することが大切です。子どもの状態は似ていても，他の発達障害や環境の問題による場合もあり，対応の方法もそれによって異なります。そして，事例のように，LDの傾向を持つ子どもであることが判明した場合，周囲の人びとの正しい発達理解とそれに基づく的確な対応，そして付随して生じやすい情緒社会性の問題への対応が大きなポイントになります。事例では相談によって，発達の特徴を正しく把握して，行動情緒の問題を整理し直しました。そして発達に合わせた特別な援助と周囲の環境の調整を行うよう，指導員の意識の転換を図り，自己評価を高め自己コントロールを育てるという長期的目標を提示して，有効な保育実践につながる支援を行いました。

　また，事例では危機的事態に陥ったとき，タイムリーに介入することによって，早い段階で適切な保育の対処が行われ，事態が改善されました。事例のような子どもの場合，こういった危機は不可避的に起こるものとして，行政担当者とも連絡をとりながら，なんらかのタイムリーな対応が可能になるような配慮が必要です。

(2) 指導員の迷いや葛藤に対する心理的安定への支援

　指導員は積極的に保育を展開しながらも，気持ちの底に，特別な援助を行うことへの迷いや，保育観のうえでの葛藤が次々に生じていました。これらの悩みは軽度発達障害の子どもの保育に典型的とも言える悩みであり，また真摯にとりくもうとする指導員だからこそ生じた悩みでした。それに対して，相談員は和也君の発達を把握し保育実践を評価することで保育の意味を確認し，迷いや葛藤への支援としました。指導員からは相談を1年経たところで，「子どもが同じようなトラブルをくり返しても，1年前のように，ただただ何をやっても空しいと思わなくなった」と語られました。保育の成果を見通しを持って整

理することで，困難な保育に見失いがちになる指導員の自信を取り戻し，新たな意欲へとつなぐ支援ができたと考えられます。

(3) 力量形成への支援

指導員は相談全体を通して，障害や子どもの発達への見方，保育に対する考え方に大きな示唆が得られたとのことでした。たとえば和也君に合わせてルールを一部変えることに抵抗がなくなった，とのことです。トラブルや葛藤的な事態は一律に乗り越えさせることが成長につながるのではなく，状況を変えたり調整することは必要な援助である，ということが理解されたようでした。指導員は「見方が変わるだけでこうも落ち着いて見られるようになるものか」「子どもが変わったのではなく，変わったのは私たちでした」とのことでした。保育実践と心理的安定への支援が結果として保育観の変容を促し，力量形成への支援となったと思われます。

(4) 保護者との関係形成と関係機関との連携への支援

軽度の発達障害の事例では，保護者の障害受容が困難だったり，乳幼児期において園や専門機関との関係がもつれた過去があったりし，保育所に対して，保護者に強い防衛の態度が見られることがあります。就学を期に療育をあえて断ち切る，という場合もあります。そのため保護者とのスムースな関係がとりにくいことも，多くの指導員の抱えるストレスです。事例では，相談員が指導員の心労を理解しながら，指導員が保護者への共感的姿勢を保つこと，ステップを踏んで関係を築くことを助言するなかで，時期を見て直接話し合いの場を持つことによって，支援の効果がありました。話し合いは，家庭の養育や過去の原因の探索ではなく，現在の発達的視点に立った理解に徹し，発達と障害の枠組みから，子どもの将来に向けて何を準備すればよいか，具体的にどうするか，という保護者を含めた作戦会議であることをアピールする姿勢を持つことが重要と思われます。

また，事例のような子どもの場合，学校や専門機関との連携は困難なことですが非常に重要です。事例では専門機関との連携は保護者との関係を見ながらの支援になりました。学校に対しては，同じ一人の子どもをめぐる発達を保障

する機関として，積極的に連携を図る必要があります。現状ではそれはなかなかスムースに運ぶ作業ではありませんが，いろいろな機会を捉えては連携を申し出ることから始めることが必要でしょう。

(1) 1998年から障害児の受け入れ加算を行う自治体が急増しています。1998年の12都道府県から，2000年は21都道府県へと増えました。2000年5月現在，全国約11,000か所の保育所の約2割に障害児が在籍しています。

(2) 実践報告・理論的研究共に少ないが，以下のものが参考になります。
　指導員からの実践報告として，伊藤美恵子「目黒区の学童保育における障害児保育」(『障害者問題研究』第71号，1992年)，清水純子「みっちゃんと共に」(東京都学童保育連絡協議会編『ぼくらのオアシス学童保育』一声社，1999年)など。
　コンサルテーションを行う発達相談員から，多様な要因からのアセスメントを基に学童保育における統合保育の特徴と問題点を整理したものとして，西本絹子・浜谷直人「学童保育クラブにおける統合保育の現状と問題点——困難事例の保育の進行過程の分析」(『特殊教育学研究』32 (5)，1995年)，重い障害のある子どもの発達と保育を分析したものとして，浜谷直人・西本絹子・古屋喜美代「学童クラブにおける障害児保育の現状と課題——公設公営学童クラブの保育実践の事例分析」(『障害者問題研究』第28巻第3号，2000年)，コンサルテーションの実践的な報告として，西本絹子「学童保育所における統合保育を支援する発達相談」(『発達』No. 82，ミネルヴァ書房，2000年) があります。

(3) たとえば，"学童保育の子ども集団の固有性にそくした組織形成力"，"子どもたちとの豊かなコミュニケーション技能"を持ち，"遊びや生活を通した子どもの人格や能力の発達保障を担う力"という3つの規定(二宮，2000)は，あるべき専門性として適切なものと思われます。二宮厚美「21世紀に生きる学童保育指導員」(大阪学童保育連絡協議会『子ども時代を拓く学童保育』自治体研究社，2000年)，指導員の認定資格要件や専門性の議論に関しては，同書の他，学童保育指導員専門性研究会『学童保育研究1』(かもがわ出版，2001年) などが参考になります。

参考文献

全国学童保育連絡協議会「障害児の放課後の過ごし方について　沖縄県実態調査」『1998年版学童保育実態調査のまとめ』全国学童保育連絡協議会，1998年。

10 学童期6年間の発達および保護者との関わりを支援したコンサルテーション
―学童保育所における事例(2)―

10-1 コンサルテーション事例の特徴

　ここでは，ダウン症児によく見られる発達上の問題をもつと同時に，療育の経験がなく普通学級に通うなか，徐々に心理的不安定さが出てくるようになった子どもについてのコンサルテーションを取り上げます。学童期には，子どもは幼児期を脱したばかりの段階から思春期へと大きく成長していきます。そうした変化の中，指導員は現段階の子どもの発達状況から次の段階での子どもの課題を見通しながら，保育をつくっていくことが必要になります。長期的コンサルテーションでは，指導員がそうした保育の視点をもつことができるよう，相談員として支援していくことが求められます。

　学童保育の場でのダウン症児については，指導員はかなり共通した保育上の悩みをもつようです。一つは，状況を理解して動いているように見える子どもが場面の切り換えの悪さやがんこさを示すため，指導員としてこれをどう理解して対応すべきか迷うということです。二つには，子どもがコミュニケーションスタイルとして悪態ことばを身につけてしまうということです。これは友だち関係を育てていく上でネックとなります。指導員はこれらの問題をダウン症児の性格的なものと見なしがちです。

　しかし，本コンサルテーションでは相談員はこれらの問題を認知発達の視点からとらえ直すことを提案していきました。これによりどう保育実践を支援す

ることができたかを検討します。

さらにこのケースでは，指導員は保護者との関わりに関して教育観の相違からくる悩みを抱いていました。相談員はコンサルテーションの進展を見ながら，指導員と保護者との関係調整の支援を行いました。

低学年主体の学童保育所では6年間で子ども集団における障害児の位置は大きく変化し，障害児の保育のなかで指導員が直面する問題も変わっていきます。本章では長期にわたる巡回相談において，相談員が，指導員の問題意識の変化に応えるよう相談の優先課題を選びながら，どのようにコンサルテーションしていったかを整理します。

10-2 巡回相談の経過

10-2-1 夏子ちゃんのプロフィール

ダウン症児の夏子ちゃんは障害児加配をうけて保育園に通いました。しかし保護者は早期療育に対しては否定的な考えをもっており，特別な療育経験はありません。普通学級に入学し，同時に児童館に併設された学童保育に入会し，卒業まで通いました。学童保育所は在籍児童数約50名（うち障害児として2名在籍）で，正規指導員2名と障害児加配非常勤指導員2名（高学年段階では1名）が配置されています。学童保育に入会してからは，年に2回ほどのペースで巡回相談が実施されました。入会当初は保育園の友だちが一緒に学童保育に入ったこともあって，夏子ちゃんの保育にあたって指導員が大きな不安を抱くといったことはありませんでした。

10-2-2 1年生期：発達のアセスメントと発達段階に応じた保育に向けて

1年生になってしばらくは，夏子ちゃんは保育園での友だちを頼りに子ども集団の中に入り保育は順調でした。夏子ちゃんは一人でいるよりも簡単なボール遊びなどで誰かといっしょにいることが好きなのです。しかし小学校の新しい生活が定着し，保育園からの友だちにも新しい友だちができるなかで，友だ

ちの遊びについていけない夏子ちゃんはだんだん一人でいることが多くなってきました。夏子ちゃんは身振りや表情を使ってのコミュニケーションの意欲はあるものの,発音が不明瞭で意思が伝わらないことから手を出して友だちと喧嘩になることが多くありました。

指導員は,意欲はありながらうまく友だちと関われない夏子ちゃんは,遊びにしろ会話にしろレベルに合わない状況におかれているのではないか,夏子ちゃんのレベルにあった保育の働きかけを考えたいという問題意識をもっていました。そこでコンサルテーションでは,保育観察と指導員からの聞き取り事項をもとにできるだけ具体的に夏子ちゃんの発達をアセスメントしていきました。

アセスメントと助言

夏子ちゃんは日常あまり使用しない単語は知らず,大小比較などの抽象的概念はもちろん,数も唱えるだけで「一つ」の理解も不十分でした。状況がわからない場面ではおうむがえしに応答するか「バカ,エッチ」とごまかすのでした。相談員は,夏子ちゃんはさしたる問題行動がない分,保育の場面で夏子ちゃんの発達が2歳レベルであることを指導員が見過ごしがちになるのではないかと問題提起しました。周囲の他児にとっては容易な会話も「いま,ここ」を離れたことをイメージする力が必要とされるものであり,夏子ちゃんの発達レベルではひとりでは会話への参加はむずかしいということ,目の前の具体的な物,行動,現象を言葉に結びつけながら言語知識を広げていく必要があることを伝えました。

指導員にとっては思った以上に夏子ちゃんは幼いレベルにあると感じたようでした。幸い意欲のある子どもでしたので,当番活動で自信をつけていくことや,指導員が夏子ちゃんの気持ちをていねいに聴き取りながら友だちとの関わりを仲立ちしていくことなど,指導員は今後の保育上の具体的見通しを得ることができたようでした。

10-2-3　2年生期:場面の切り換えの悪さと甘えについてのアセスメント

指導員が仲立ちしながら,夏子ちゃんは下級生の1年生女子とままごとやケ

ンパーなど簡単な遊びを楽しむようになりました。帰りの会では積極的に挙手して楽しかったことの報告をしようとするなど，指導員は夏子ちゃんの積極性を評価していました。その一方で，おやつや当番の時に片付けをいやがるなど，一見わがままに見える状況がふえ，どのように対応すべきか指導員は迷っていました。

アセスメントと助言

　相談員は，指導員の関わりを通して遊んでいる時の表情や発言への意欲に夏子ちゃんの自信の育ちを感じると伝えました。夏子ちゃんの発言自体は他児には理解できないことが多いのです。しかし指導員が上手に言葉を加えて夏子ちゃんを助けることで，他児が夏子ちゃんを馬鹿にしたりすることはありませんし，夏子ちゃんも満足げでした。こうした夏子ちゃんの表現したい気持ちの高まりの一方で，状況を理解する力の弱さは目立っていました。

　指導員の側には，1年たって生活の流れも身についたのだから，場面の切り換えができなくなったのはわがまま，甘えなのではないかという思いがありました。もう，ちょっとした言葉かけで切り換えられるのではないかとの思いもあったでしょう。ところが実際には夏子ちゃんは相変わらず「いま，ここ」を離れたことは理解できないのです。子ども集団の中にいてそれなりに状況を理解しているようでありながら，実は他児の動きを真似ているだけで，何のためにする行動かという目的意識が育っていないのです。だだをこねる2歳児に対しては，大人はまずは子どもの気持ちを受けとめ，子どもが場面の見通しを持ちやすいように助けていきます。夏子ちゃんにとっては，これと同様の援助が必要であることを確認していきました。同時にままごと遊びや読み聞かせなど夏子ちゃんのレベルにあった活動のなかで，みたてやつもりを通して他者と意味を共有しあう力を育てる必要性を伝えました。

　指導員は夏子ちゃんの理解力が伸び悩んでいる状態をしっかり受けとめてくれました。場面の切り換えが必要なときに，指導員は夏子ちゃんの気持ちを受けとめながら，ていねいに声かけして次の行動の見通しをもたせていきました。そして夏子ちゃんが意欲的に取り組める行動を支えに行動を切り換えられるよ

う励ましていきました。また夏子ちゃんの概念理解などの知的な面での力も育てていくことができるよう，長期休みの学習時間においては，幼児用知育玩具，教材を活用するなどして夏子ちゃんに個別に働きかけることを指導員は積極的に考えていきたいとのことでした。指導員は保護者に対しても，そうした学習を家庭で取り組んでみることを提案してみることにしました。

10-2-4　3・4年生期：遊びと友だち関係の広がりをめざす

　3年生では，巡回相談日に夏子ちゃんが学校と学童保育を休むことが重なり，実質的にコンサルテーションは行えませんでした。4年生になると同学年の子どもがいなくなり，夏子ちゃんは2つ年下の障害をもつおとなしい子どもとばかり遊びたがるようになりました。しかし夏子ちゃんは相手の気持ちにお構いなしの関わり方をするため，運動が苦手なこの子どもは夏子ちゃんとの関わりを負担に感じるようになってしまいました。

　指導員は夏子ちゃんの友だち関係が広がらないことを気にしていました。低学年段階では周囲の他児からかわいがられる立場にありましたが，4年生という学童保育での最高学年となり，比較的身体も大きくあれこれと大声で指示を出したがる夏子ちゃんは，下級生の子どもとうまくやっていけないのです。言語の力がなかなか伸びず，発音が不明瞭であることから，相手の子どもに夏子ちゃんの言葉の意味が伝わりません。すると夏子ちゃんはいら立ち，相手に「バカ」といった悪態をついて他児とトラブルになってしまうのでした。同時に，夏子ちゃんにはすぐにめそめそして癇癪を起こす心理的不安定さもありました。これまでの保育努力にもかかわらず夏子ちゃんの発達が伸び悩んでいることから，このままの保育を続けていてよいのかどうか，指導員は保育に対する行き詰まり感をもち始めていました。

アセスメントと助言

　相談員は，一見停滞した保育状況に対して，観察場面でとらえた夏子ちゃんの育ちを指導員に返すよう心がけました。次に，友だち関係でのネックとなる悪態について相談員の見方を説明し，指導員が保育上の取り組みに結びつけて

捉えなおすことができるよう支援しました。指導員が行き詰まりを感じる背景には，特殊教育に懐疑的な思いを抱く保護者との関係もありましたので，学童保育の場で心がけるべき問題と保護者と連携して考えるべき問題とを分けて捉えるよう指導員に助言しました。

　言語面の伸び悩みを指導員が感じているとはいえ，指導員の言葉かけにより夏子ちゃんは自分で行動を切り換える力が随分育っていました。おやつの後相談員とボール投げをしたかった夏子ちゃんは時間の都合で遊べないとわかると途端にめそめそし始めました。そこで「10回だけ」という約束をして相談員がボール投げに誘うとすぐに立ち直り，しかも数回のボール投げの後，夏子ちゃんの方から「アガリ」といって終了させてくれました。このような話のなかで，指導員からも確かに「～だから片付けよう」との言葉かけで見通しをもって行動できるようになってきたこと，立ち直りも早くなってきたことが語られ，夏子ちゃんの育ちを確認し合いました。見落としがちな小さな育ちを評価しフィードバックしていくことは，保育に埋没しがちな指導員を励まし，これまでの保育の努力を指導員自身が正当に評価する上での支援であるといえます。

　次に，夏子ちゃんの悪態ことばのようなものは他のダウン症の子どもにもしばしば現れるということ，悪態ことばが生じる背景には注目や賞賛を求める気持ちがあるという見方を指導員に伝えました。夏子ちゃんの場合，下級生の女児たちの会話に加わりたいのだけれど内容はよくわからないといった時に，こうした言葉を発すると女児たちがおもしろがって笑ってくれるわけです。夏子ちゃんにすれば会話に参入し，注目される手段としてこうした悪態を身につけてしまっていました。別の側面として，コミュニケーションしたいのにうまくできないというもどかしさが「バカ，エッチ」に拍車をかけさせていました。下級生の男児にすれば夏子ちゃんのこうした態度は受け入れがたいものであり，正面からぶつかってしまいます。これが夏子ちゃんの友だち関係を狭めることにつながっていました。相談員からは，こうした悪態ことばをはやしたり面白がったり，助長する子ども集団の雰囲気は好ましくないと伝えました。

　さらに，悪態ことばに頼って他者の気持ちをひくことをあてにしなくてもよ

10　学童期6年間の発達および保護者との関わりを支援したコンサルテーション

くなるためには，夏子ちゃん自身が自分の行動に充実感を感じる場面を広げていくこと，中身のある活動のなかで友だちとの関わりを広げていくことが大切ではないかと問題提起しました。カンファレンスでは，工作の場面でしきりに指導員に悪態ことばを投げかけてふざけていた夏子ちゃんが，指導員がそうした態度に取り合わず一つひとつ作り方を指導していくと，夏子ちゃんも一生懸命やり方をたずねるようになり，いつのまにか悪態は出てこなくなっていたというエピソードなどが出されました。そして夏子ちゃんの熱中できる活動を見直していくと，踊りグループへの参加ははげみになる活動ですが他にはあまりないことがはっきりしました。カードゲームなどのルールはわかりませんし，ドッジボールやおにごっこなどでもやはりルール理解は不十分で，低学年の子どもとごく少人数で始めたときはなんとか遊びに入っていても，人数が増え始めると抜けてしまうのでした。こうしてみると友だちと一緒に遊ぶためにはまだまだ指導員の仲立ちが必要でした。そこで，指導員は夏子ちゃんが参加しやすい簡単なゲームやルール遊びを積極的にもちかけ，数人の子どもを巻き込んでいくような取り組みを試みることにしました。

10-2-5　5年生・6年生前半期：心理的不安定さが顕著になり，保護者との協力関係を深める

　指導員が夏子ちゃんを交えた遊びをこころがけることにより，手つなぎオニ，色オニ，ドッジボールと楽しめる活動は広がってきました。これにより二つ年下の障害をもつ子どもばかりを求める態度は和らぎ，また新しい1年生の加入で集団の構成と雰囲気が変わったこともあって，夏子ちゃんと下級生とのぶつかりは減ってきました。

　指導員としては，高学年になった夏子ちゃんに対して生活場面で年長者としての役割を果たしてもらうことで自信をつけさせたいと考えていました。帰りの会で他児と一緒に司会をし，連絡ノートを配布するといった仕事には夏子ちゃんなりに努力して取り組んでいました。しかし発音の不明瞭さから他児には夏子ちゃんの言葉がわからないことが多くありました。夏子ちゃんは連絡ノー

トの名前の文字が読めないために，ノート配りはしたいものの持ち主がわからないということで苦労していました。他児が宿題をする時には，夏子ちゃんもノートに「夏子ちゃん文字」（なぐりがき）を書いては学習する雰囲気をまねたりしていました。文字への興味を持ちながら学習チャンスのない夏子ちゃんの学習状況に対して，指導員はもどかしい思いを抱いていました。

また，5年生になって学校からの帰りの時間が遅くなった夏子ちゃんはいらだつことが多くなり，時にはいらいらを爆発させるように感情的になって物や人にあたり，あちこちが痛いと訴えて指導員に甘えてくることが増えてきました。悪態ことばは消えてはいません。こうした夏子ちゃんの心理的不安定さは，学校，家庭を含めた生活環境全体からくるものであることははっきりしており，指導員は学童保育の場だけの対応では限界があることに悩んでいました。

アセスメントと助言

指導員の悩みを受け，相談員を交えた保護者，指導員とのカンファレンスを相談員から提案しました。これまでの保育を通して指導員は保護者との間に一定の信頼関係を築いていました。しかし，家庭教育で夏子ちゃんの学習を補ってほしいという指導員の思いはなかなか実現せず，教育観の違いもあって双方とも今一歩踏み込んで話し合うことへのためらいがあったようでした。指導員からすると膠着状態であるように感じられました。そこで，相談員という客観的な立場から間歇的に見た夏子ちゃんの姿を交えて保護者と情報交換することで，協力関係を深めたいと考えました。保護者とのカンファレンスには館長も参加することになり，学童保育所だけではなく児童館職員全体で夏子ちゃんの問題を考えていこうとする姿勢がありました。

保護者とのカンファレンスでは，指導員，保護者双方から夏子ちゃんの成長の様子を確認し合い，相談員が話し合いの方向を整理しながら，夏子ちゃんの今後を考えていくために当面の課題が何であるかを話し合いました。夏子ちゃんの心理的不安定さは，家庭，学校，学童保育いずれの場でも増してきていることを相互に確認しました。保護者はそれほど心配していませんでしたが，指導員からは夏子ちゃんが感じているであろうもどかしさ，興味はあるのにわか

らないままの状態の辛さを伝えました。相談員からは，夏子ちゃんの言語発達は音韻の分解，抽出ができないレベルにあり，放っておいては文字習得の基礎は獲得できないことを伝えました。保護者からは，夏子ちゃんは確かに文字や数など，学習への興味が育ってきており，この段階であれば学習に取り組ませる意義はあると思うとのことでした。しかし夏子ちゃんは少しでも「むずかしそうだ，わからなそうだ」と感じると，すぐにやる気をなくすようになってしまっていました。このため，親子で学習的な取り組みに向かうことはむずかしいようでした。そこで相談員から家庭教師による個別学習を提案し，具体的な家庭教師の探し方について相談しました。カンファレンス後，近隣にある大学の心理学関係者に相談員から連絡をとり，家庭教師の候補者の情報をえて，これを保護者に提供しました。

このカンファレンスをきっかけに，家庭教師による夏子ちゃんの個別学習が始まりました。保護者が動いて夏子ちゃんの学習環境に変化を持ち込めたということで，指導員は保護者との関係が大分好転してきたと感じたとのことでした。家庭教師と夏子ちゃんの関係は大変良好で，少しずつではありましたが保護者はきめ細かな学習指導の成果を感じたようでした。半年後には，保護者が家庭教師の先生も交えて指導員，相談員との話し合いを求めるなど，協力関係は深まりました。相談員からは療育機関等の活用可能性についても勧めてみました。

10-2-6　6年生後半期：居場所としての学童保育

指導員と保護者の意思疎通はよくなってきましたが，夏子ちゃんの心理的不安定さは容易には軽減しませんでした。そのうちに夏子ちゃんは学校を休むことが増えてきました。保護者は，学校に行くことを強制するつもりは全くありませんでしたが，子どもが家にばかりいることには不安をもっていました。指導員から夏子ちゃんに働きかけ，放課後の時間に学童保育に来るよう誘うとすんなり参加することができました。夏子ちゃんは初めこそ多少の気後れを示しましたが，その後は低学年の子どもとドッジボールなどのルール遊びをたっぷ

りやれるということで，学童保育の場では楽しく活動して過ごすようになりました。

学校との関係については，保護者は担任教師と連絡を取りながら行事等の場面で登校を促すなど努力をしていました。指導員と相談員は保護者との話し合いのなかで，小学校卒業後，学童保育卒会後を考え，夏子ちゃんの居場所をきちんと作ることを目指し，特殊教育等の場の見学を勧めました。保護者は中学の障害児学級の見学に出向きましたが，結局普通学級進学を選択しました。

学校に行けなくなったことは大きな出来事でしたが，夏子ちゃん自体は学童保育という居場所を持ち続けることができたことで心理的な不安定感を和らげることができました。保護者は，これまでの取り組みから担任教師や指導員，家庭教師が共に夏子ちゃんをサポートしてくれているという信頼感をもつことができ，孤立することなく問題状況に向き合うことができたようでした。これまでの信頼関係があったからこそ，保護者が夏子ちゃんのために多様な選択肢を求め，探る動きが生じたのでした。最終的な教育上の決断は当然保護者が行うべきものですが，いろいろな関係者が情報の提供を含めて作戦を練るという家庭の支援状況が築かれていたことは意義あることでした。

10-3　相談員がコンサルテーションにおいて果たした役割

10-3-1　保育アセスメントに時間的見通しを取り入れる（保育実践への支援①）

6年間という長期にわたる保育では，子どもの成長，集団の変化に伴い指導員の問題意識は変化します。したがってコンサルテーションで焦点化する問題も変化します。しかしながら，相談員の役割としては，指導員にとっての現在の問題を捉えるにあたって，子どもと保育の過去の姿と現在，そして現在の姿から今後を見通していくという視点を持ち込んでいくことが必要です。たとえばカンファレンスにおいて，以前の子どもの姿と現在の子どもの姿を比較していくことにより，日々の保育に埋没して見逃しがちな成長発達を再確認する作

業を行います。同時に，指導員が子どもの成長を過大評価していはしないかといった点を検証することにもなります。これにより，指導員が自らの保育を整理し，小さいながらも成果と自信を得て再び日常保育に取り組むことができるよう，指導員の心理的安定への支援を行うことにもなりました。

　また，ダウン症のように障害によってかなり共通した問題が生起しやすい場合，相談員からダウン症に関する知見を提示していくことで，指導員が子どもについて距離をおいて客観的にとらえることを可能にすると考えられます。場面の切り換えの悪さや悪態ことばといった問題が何を意味するのか，今後，場合によっては思春期，青年期まで見通したときどのような問題となっていく懸念があるのか，そうであるならば学童期の現段階でどう取り組んでいくべきであるのか，といった視点から考えることができました。少々困った行動だと思いつつ「本人は悪態ことばを使って関わりを求めているのだから」と見過ごしてはならない問題であると，指導員の自覚を深め，保育上の取り組みを見直すことにつながりました。

10-3-2　子どもの心理的不安定さの問題を認知発達の視点から検討する（保育実践への支援②）

　学童期には，友だちと同じようには「できない」自分へのいら立ちを感じるという，自分の力が見えてくるゆえの葛藤が子どもに生じやすくなります。子どもの心理的不安定さに対して，これをどう受けとめていくか，必要な対人関係調整は何かといったことに加えて，根本的な問題として子どもの認知発達をどう援助していくかが大切です。認知発達の視点をとることにより，指導員自身の保育上の課題をはっきりさせることができます。本ケースでは，これが指導員の前向きに保育に取り組む意欲につながりました。夏子ちゃんの場合，その時々周囲の子どもの状況を考え合わせながら楽しく遊びこめる活動を指導員がいっしょに探す努力をしました。

　また，子どもが夢中になれる活動は1度見つければそれでよしというものではありません。時間がたつにつれ，夢中になっていたように見えたものが実は

子どもがそれにしがみついてしまっている，それしか選べない状態だということもあります。その子どもが成長にふさわしい活動とどう出会うかは，子どもが自分をどう肯定的にとらえていけるかにつながります。学童期では，子どもは具体的な個々のことがらの積み重ねのなかで，やり遂げられる自分，一生懸命取り組める自分というものに出会いながら，自分に対する前向きなとらえ方を育てていくのだと思われます。

10-3-3 指導員と保護者の協力関係への支援

指導員と保護者の間に教育観の相違があるとき，両者がコミュニケーションを深め効果的に協力し合うことがむずかしくなることがあります。そうした状況では指導員のストレスは高くなります。相談員はこのような指導員の悩みを受けとめつつ，必要に応じて，子どもの教育に直接は携わらない外部のものとして連携の場に同席し，話し合いを整理しながら協力関係を促す役割を果たしました。

学童保育は放課後の生活の場であるため，子どもたちは学校での葛藤を学童保育の場に持ち込むことはよくあります。それゆえ指導員としては，日常的に家庭，学校と情報交換をしながら相互理解を深め，いざという時に子どもの育ちのための作戦会議を開けるようにしたいと思っています。しかしそれがうまくいかないとき，指導員の悩みは深くなります。そのようなとき，指導員の保育意欲を支えるためにも，指導員による保育の意義を相談員からあらためて確認し，保育のなかでできることと保護者との関係上の問題とを分けてとらえるよう指導員を励ましていきました。

そして状況を見て，保護者とのカンファレンスに相談員が積極的に関わることが考えられます。その際，保護者側には「何かを要求されるのではないか，非難を受けるのではないか」という防御姿勢が働くことがあります。相談員としては，カンファレンスは相互の教育観をつき合わせる場でも保護者に対して何かを要求するという場でもなく，問題解決のために最も有効な戦力である保護者と指導員のそれぞれがどのように具体的に動くことが望ましいかを相談し

あう場である，という態度で臨む必要があります。外部者であるという相談員の特性をうまく使って，指導員と保護者の信頼関係の形成を後押しすることも相談員としての役割のひとつです。

10-4　ダウン症をもつ学童への発達支援

　ダウン症児は発達障害のなかではもっとも豊かな早期療育の蓄積がある子どもたちです。良好な対人関係をもつ子どもが多いと一般的にいわれていました。ところが一部に青年期に急激な退行を示す事例が注目されるようになってきました（杉山，2000）。菅野・池田（1998）によれば成人期ダウン症者の行動特性についての調査をみると，最も多い不適応行動は心理的なもの（注意されると引きこもったりふくれたりする，欲求不満をうまく処理できない，過度の注目や賞賛をもとめる，など）でした。比較的うまく適応しているように見えて，実は仕事上や人間関係のストレスなどをうまく解消できていないらしいことが見えてきます。このような問題が顕著になるのは青年期以降ではありますが，学童期にすでにこうした問題が芽生えていることが多いのです。夏子ちゃんの場合も一見人なつこく集団にも一応適応しているように見えながら，悪態ことばで人の気持ちをひこうとし，日常のなかでのつらさ，ストレスをうまく発散できずに心理的に不安定になっていきました。学童期の段階から自分の気持ちを立て直す経験を重ね，周囲はこれを見守り評価していくこと，自分で気分を発散できる活動をもつことが，ダウン症児にとって大事な課題であると思われます。

　学童期の子どもには，他者の視点から自分を見る力が育ってきます。友だちのやること，そのでき具合が気になり，自分を引き比べます。遊びであれ学習であれ，やりたいことに熱中しながら変わっていく自分を通して，そしてそれを周囲からも認められることを通して自我を育てていくと考えられます。はじめは「できるか，できないか」といった見方が中心となりますが，学童期を通して生活の広がりとともに「できるか，できないか」だけではなく一生懸命取り組んでいる自分というものに充実感を感じるといったことから自分を受け入

れられるようになります。学童保育の取り組みとは，子どもがそうした自尊感情を育てていけるよう，充実した放課後の時間をいかに実現していくかというものであるでしょう。コンサルテーションはそのような学童保育の役割を押さえながら，短期的視点，長期的視点の両方から指導員といっしょに保育を考え合うものだといえます。

参考文献
菅野敦・池田由紀江編『ダウン症者の豊かな生活』福村出版，1998年。
杉山登志郎『発達障害の豊かな世界』日本評論社，2000年。

11 巡回発達相談活動とタイアップさせた研修型コンサルテーション

　現在，人員加配・巡回相談と並んで，研修は統合保育の支援事業の重要な柱の一つです。相談員も，企画者となったり，講師となったりして，多くの人が関わっています。石隈（1999）は，スクール・サイコロジストの行うコンサルテーションを問題解決型，研修型，システム介入型（学校経営者（学校区の教育長や校長）に協力して行う）の3つにタイプ分けし，研修型コンサルテーションとして，教師や保護者の生徒への援助能力の向上を目的とした研修会を企画したり，学校やPTAが主催する研修会の講師を勤めたりする他，勉強会の開催，執筆などがあり得ると指摘しています。しかしながら，研修型コンサルテーションを充実させるための検討事項としては，「教師や保護者が求めている研修のテーマについて勉強しておく必要がある」という指摘に留まっています。

　そこでこの章では，筆者らが某自治体で企画・実施してきた研修会での取り組みを紹介しつつ，どうすれば役に立つ研修になるのかについて考えてみます。

11-1　研修型コンサルテーションの目的と形態

11-1-1　力量形成への支援と心理的安定への支援

　研修型コンサルテーション（以下，研修と略記）は，具体的な子どもへの保育の手だてを見いだすことへの援助というよりも，保育者の成長を促すことを目的とした援助です。

　保育者の成長を考えるとき，新人からベテランへの成長過程は単調な道のり

ではありません。日々の保育をこなすのに精一杯の新人保育者，保育に見通しが持てはじめ保育者としての専門性を感じ始める2・3年目以降の保育者，子ども理解が進み自らの保育経験を柔軟に再統合し始める中堅保育者，そして，自らの保育のみでなく，園全体の保育において見通しを持ち，また他保育者への支援も求められるベテラン保育者，といったおおざっぱな保育者の成長過程を考えてみても，その段階の移行は，なだらかに進むというよりは，疑問や行き詰まりを感じて後に次の段階へと進むのだと想像できます。段階移行に限らず，障害を持つ子どもを保育する保育者は，日々悩みの連続かもしれません。忙しい日々のなかで時間をやりくりして研修会に参加する保育者は，多かれ少なかれ悩みや行き詰まり感を抱えているのだと思われます。こうした悩みや行き詰まり感は，一方では保育者にストレスを与え心理的不安定さを生みますが，他方では，こうした危機こそが次の成長の原動力となるとも言えます。(1)

　ただし，危機を乗り越えるにはやはり支援が必要です。ひとつは，力量形成への支援です。自分の抱えている問題に適用可能な知識や情報を得ることにより，状況の打開に至ることが数多くあります。「ADHDとはどのような障害か，その対応のポイントは何か」「乳児期のことばの発達過程」「障害児を持つ親の障害受容過程」「地域にどのような専門機関があるのか」といった知識や情報を得ることにより，保育者は子どもの見方や障害のとらえ方，保護者・他機関との連携の可能性，そして自らの保育実践を振り返ることができます。こうして問題状況を整理することができれば，結果として，新たな保育の取り組みへとつながっていくことが期待できます。

　さらに，もうひとつ，行き詰まりを感じている保育者の自尊心，自己評価を高めるよう働きかける心理的安定への支援も有益です。障害児の成長はともするとゆっくりで，先へ先へと目を向けている保育者には，子どもの成長を実感するよりも取り組むべき課題ばかりがクローズアップされ，そのストレスに押しつぶされそうになることもありがちです。巡回相談において，相談員がゆっくりとはいえ着実な子どもの育ちを指摘し，さらに，その育ちを促したと思われる保育者の関わりを指摘することで，保育者の自己評価や自尊心が正当に高

められ，本来持っている，あるいは潜在的に持っている力量が十二分に発揮されるようになることも多々あります。自己効力感を取り戻した保育者は，問題状況を整理し直して，子どもとの関わりを楽しみつつ新たな保育の取り組みを作り出していきます。

11-1-2 講演と実践報告・実践交流

　多くなされている研修の形態は，講演でしょう。この場合は，保育者がどのような知識や情報を求めているのかを適切につかむことができれば，短時間に効率よく支援を行うことができます。ただし，講演形態の場合，相談員が個々の保育者を心理的安定面で支援することは困難です。通常，大勢の参加者に対して，相談員は少数（多くの場合は1名）です。また，たとえ参加者が少数であっても，その場で初めてあった相談員による心理的安定への支援が有効に働くとも思えません。「そういう見方が出来るのか」と思っても，「自分の園では，実行不可能だ」と思えば，単なる知識・情報で終わってしまう可能性があります。

　講演以外の形態としては，保育者同士の交流を中心とする形態があります。さらに細かく分ければ，他者の保育実践を聞き，質疑応答を通して検討を深めていくという形態と，参加者が自らの保育実践，特に悩みや困難な状況を他者に問いかけ，互いに話し合うという形態が考えられます。以下では，前者の形態を実践報告，後者を実践交流と呼び分けることとします。

　実践報告では，具体的な保育方法についての知識や情報がもたらされると同時に，同じように大変な状況のなかで工夫して保育に取り組んでいる仲間の存在を知ることにより連帯感を感じ，心理的安定を越えて「自分の園でもできるかもしれない」という意欲が生まれることが期待されます。一方，実践交流では，自分のかかえている困難な状況を他者に問いかけることになります。この作業は，自らの抱えている問題を整理する作業であり，問題を客観的に捉え直すきっかけとなります。こうして問いかけた悩みに，他者からのアドバイスを受けることは，貴重な支援となります。さらに，同じような立場にある他保育

者に共感的に受け止められるならば，心理的にも随分支えられます。

　保育者同士が交流することを通して支援し合うという形態は，同様の問題を抱えている者同士がお互いに援助し合うという自助グループ（self-help groups）的な支援といえます。この場合，相談員は，どのような実践を選び，どのようなテーマを設定し，どのように会を運営していくのか工夫するといったことを通して，力量形成への支援のポイントを整理すると共に，参加者間の相互交流を促す触媒のような役割を果たすことになります。

　このように，一口に研修といっても，その目的や形態には，いくつかの可能性があります。形態は，その目的のみならず，参加人数（これは，講師となる相談員側も保育者側も両方共に），講師と参加者との関係（研修の機会のみの関係かどうか）によっても変わります。準備期間がどれだけあるのか，企画・準備段階から相談員が関わるのかどうか，ということも影響します。講演のテーマを保育者の興味関心に合わせるということを越えて，研修会開催に際して配慮すべき点は多々あります。そこで，以下では，筆者らが研修会開催の企画段階から関わった事例を紹介して，研修会の持つ可能性と実施上の考慮点を考えます。

11-2　研修会の開催経緯と特徴

　どのような目的のもとに，どのような形態で研修会を実施するのかは，研修会がその自治体における統合保育支援システムのなかでどのように位置づけられるのかによります。そこで，まず，筆者たちが関わっている研修会の背景情報を紹介します。

　筆者らは当該自治体で保育園への巡回相談活動を通しての統合保育支援を行ってきていますが，相談希望が園から出されても，すべてに応じ切れていない状況が続いています。相談希望にすべて応じるということは予算的に難しく，それに代わる支援の方法として，筆者らは研修を活用することにしました。研修への注目の背景には，自治体には民間園が多く，民間園相互の保育者交流の

場がないことを相談員として問題と感じていたこともあります。すばらしい実践がなされても，それを他園の保育者が知る機会が全くなく，また，自園のなかで行き詰まりを感じるとその解決への糸口を見いだしかねている例が数多くあることが気になっていました。そこで，統合保育の向上を目的とした研修会開催を巡回相談担当部署である保育課に提案し，保育課主催で年1回「障害児等保育研修会」を開催することにしました。

　力量形成への支援のみでなく心理的安定への支援も重視して，研修会は講演ではなく実践検討を行う場とし，Ⅰ部「実践報告会」（1時間半程度），Ⅱ部「実践交流会」（1時間半程度）と2部構成にしました。実践報告では，相談員が関わった巡回相談事例の中から他園に紹介したい事例を選び，該当園の保育者が実践報告をし，質疑応答の時間をもうけます。一方，Ⅱ部の実践交流では，Ⅰ部の実践報告に含まれているいくつかの検討課題毎に小グループを設定し，参加者は興味のあるグループに参加して，自らの実践を紹介しつつ検討課題について意見を交換します。小グループは，相談員1名と数名から20数名の参加者で構成され，心理的支援が相互に行いやすいように配慮します。なおⅡ部では，各小グループ毎に，実践・意見交流に先立って，相談員による検討課題に関する簡単な講習を行ってきていますが，これは，発達や障害についての知識や情報に関する力量形成的支援に対応します。

　筆者たちの開催している研修会の特徴を整理すると，次のようになります。

11-2-1　保育者・自治体側の特徴

（1）民間園が大半をしめるという事情から，他園の保育を知る，他園の保育者と直接交流するという貴重な機会となっています。

（2）「自治体の管轄する療育施設がなく，保育所における統合保育に大きな期待が寄せられている，あるいは，寄せられざるをえないという状況」を，保育課も，保育者自身も了解しています。この状況自体は改善されるべきものですが，こうした状況理解を背景として，研修開催意欲，研修参加意欲はおおむね高いといえます（毎回全体の7割を超える園からの参加があります）。

11-2-2 相談員側の特徴

(1) 筆者らは巡回相談も担当し，研修会を巡回相談活動と相補い合う活動として位置づけています。巡回相談活動とタイアップしているということは，講演という形態ではなく，実践報告・実践交流という形態での研修を実施することを可能にしています。実践報告事例について担当相談員が把握しているため，報告準備の援助が行え，研修のポイントを絞ることができます。

(2) 巡回相談活動には，数名の相談員が関わっています。その相談員が研修会に参加して，グループでの実践交流に加わります。このことは，80名前後という多くの参加者があるなかで，10名から20名程度といった比較的少人数でのグループ別実践交流を可能にしています。

11-3 実践報告会の意義

この節では，実践報告の取り組みの概要を紹介しつつ，さまざまな立場の参加メンバーにとっての意義を考えます。

11-3-1 準備過程

研修会は，12月から2月という年度の後半に実施してきていますが，報告準備は6月頃から始まります。まず，相談員の定例研究会において，各相談員が自分の担当事例の中から，他園に伝えたい実践を推薦します。選ぶ際には，十分な保育の取り組みがなされ成果をあげた実践であることのみではなく，該当児の保護者から報告事例とすることへの同意を得られるということも，重要な条件となります。また，できるだけ多くの園の実践に共通するようなテーマを設定できることも，選択の条件です。

報告事例の候補には，巡回相談担当の相談員が依頼を行います。園から了承の返事を得ると，担当相談員が中心となって，実践のどの側面に焦点を当てて報告するのかについて，および当日配布するレジュメの作成について，援助を始めます。援助の手順は，おおむね次のようです。①保育者と相談員とで報告

のポイントを相談した上で，保育者がレジュメ案を作成します。②相談員は，レジュメ案を全相談員が参加する研究会に提示し，ケースカンファレンスをうけます。③相談員は，②の検討を通して，報告のポイントの再整理をし，レジュメの修正点などについて保育者と検討します。④保育者と担当相談員，実践報告会の司会を担当する相談員，そして，保育課職員で，レジュメの作成，当日の報告会の流れなどについての最終調整をします。

過去の実践報告のテーマ（カッコ内は，報告者の職種）は，次の通りです（4回目の研修会では，条件を満たす事例を選ぶことができず，実践報告を行いませんでした）。

1回目「重い障害を持つZ君および保育者を支えてきたものは何か？」（担当，主任）

2回目「保育がひらかれていくために：家庭・専門機関・園三者一体の大切さ」（担任，主任，園長）

3回目「自信がなく落ちつきのなかったT君に対する保育の取り組み：4・5歳児クラスの仲間づくりの観点から」（担任2名，担当，園長）

5回目「短期間に乳児期から児童期入り口への育ちを促した保育の検討」（担当，担任，主任）

各回とも担当あるいは担任一人ではなく，園内の複数の立場の方に報告を依頼してきていますが，これには「統合保育は（あるいは保育とは）．担当・担任保育者のみが頑張って行うものではなく，園内外の多くの人・機関に支えられて行うものである」ということを伝えたいという相談員側の意図があります。

11-3-2　参加者にとっての意義

実践報告会には，報告者，聞き手としての保育者，相談員が参加します。

11-3-2-1　実践報告者にとっての意義

実践報告園は，相談員からの依頼を引き受けるかどうかというところから検討することになります。園長・主任・担任・担当を中心として，基本的には，全園の職員で検討することが多いようです。報告依頼は，「自分たちの保育実

践が相談員から評価された」ということから好意的に受け取られてきていますが，了承するためには，大きく二つの考慮点があるようです。

　第一は，自分たちの実践を外に対して開いていくことへの抵抗感です。多くの民間園では，園間ではもちろんのこと，園内でも実践についての検討を行うことはまれです。「自分たちの実践がどのように受け止められるのか」という抵抗感を乗り越えさせているのは，〈これを機会に，勉強したい〉という意欲のようです。第二に，報告するためには，日々の保育を行うこととは別に，過去の保育を振り返り，それをまとめるという作業が必要となります。報告担当者としては〈そうした作業ができるのか〉，報告を担当しない者にとっては〈そうした作業に協力することができるのか〉が問題となります。これは，まとめる力の問題のみでなく，まとめる時間をどう作り出すかという問題でもあります。準備作業が勤務時間中に保障されるためには，全園的な理解と協力が不可欠です。報告者は，準備作業を通して，改めて自園の園内連携の存在を意識化することになります。

　相談員との打ち合わせの後，保育者は，実践を振り返りまとめる作業に入ります。報告者と準備作業をしてくると，すばらしい実践を行っていても，当の保育者は必ずしもそのことを意識化していないことに気づきます。このため，最初の報告原稿には，子どもの変化は整理されていても，保育の取り組みはほとんど記されていません。「子どもが育っていったんですよ」とか「集団の力で…」などと保育者は語ります。こうした保育者に対して，まず第一に，「子どもの成長を振り返っていくつかの時期に分けてみて，それぞれの時期の特徴を現すような名前を付けてみて下さい」と助言するとともに，第二に，「各時期ごとに何に悩み，担当・担任・主任・園長などおのおのがどのように動いたのかということを整理してみて下さい」などと助言します。時期の変化と保育の取り組みとを対応づける作業を行うわけです。

　周囲の理解と協力に支えられても，報告の準備は大変な作業です。こうした作業を経て報告を終えた保育者は，どのような感想を持つのでしょうか。報告者の感想の一部を紹介します。

「報告の依頼を受けてから，たろう（仮名）くんとの１年間を振り返り，たろうくんの成長の大きさに改めて驚くと同時に涙が出るほどうれしく思いました。今回のような機会を与えていただき，乳幼児期の保育の重要性を感じると共に，私自身大変勉強になりました。…」

「…今までの連絡帳・行動記録を読み返したとき，ゆうき（仮名）くんの成長の著しさが大きく感じられました。それらをもとにレジュメ作りを始め，この作業には多くの時間を費やし，まとめるのに大変苦労しました。しかし，ゆうきくんの成長を一つひとつ整理することで改めていろいろな角度から見ていくことができました。また，新たな発見にもつながりました。発表当日，皆さんが書いてくださった感想を拝見させていただき，ゆうきくんのような子どもが身近に多くいることを知りました。私たちとゆうきくんの関わりはまだ始まったばかりです。これからも同じケースで同じ悩みを抱えている方々とのつながりを持ち，支え合ってこの仕事を頑張っていければと思います。」

意外なことに，日々子どもと接している保育者にとって，子どもの成長を実感することは難しいようです。保育者にとって，報告準備は，子どもの成長を振り返る機会となるようです。そして，そのことを通して，自らの実践の見直しもでき，自信へとつながるのです。

11-3-2-2　聞き手にとっての意義

聞き手にとっての意義を，参加当日に提出してもらう感想文（自由記述・記名式）の記述から推測してみます。

感想を整理すると，「一対一だけでも集団保育だけでもだめだと感じた」「発達の段階を踏むことの重要性がわかった」など，力量形成に役だったという記述が全体の半数程度を占めます。一般的な力量形成のみでなく，「具体的な保育対処が分かった」というような記述も多く含まれています。障害児を担当していない（したことがない）参加者も例年半数程度いますが，上記のような感想の多さからは，いわゆる障害児を担当してはいなくとも，日々の保育のなかで気になる子どもがいたりして，潜在的な支援要求が高いと言えるかもしれません。

「行き詰まりを感じていたが，保育への意欲や学習意欲が湧いた」というような心理的安定に関わる記述も例年20％前後あります。こうした記述は，参加者の側が支援を受けたという方向性ですが，報告者の側へ寄り添っての共感や評価に関する記述も毎年20～25％程度あります。これは，むしろ報告者を支援する側に回っているといえます。前掲の報告者の感想にも，参加者の感想文に保育意欲をかき立てられたという趣旨が述べられています。共感・評価の中には，報告者へのねぎらいが入っている側面もあるでしょうが，「発表事例が目に浮かび，自分の担当事例と重ね合わせていた」「他園の様子が聞けてよかった」等の記述からは，自園の保育しか知らなかった参加者が仲間を発見し，仲間の事例から学ぶことの喜びもうかがわれます。他園に仲間を見つけ，連帯感を抱いたといえます。こうした連帯感は，行き詰まりに悩む保育者に心理的安定をもたらし，ひいては保育意欲・学習意欲へとつながると思われます。

11-3-2-3 相談員にとっての意義

報告準備への援助は，すでに相談員が知っていることを報告者に文字化してもらうという作業ではありません。むしろ，相談員と保育者とが改めて事例検討をし直す作業です。したがって，報告準備は，相談員にとっての成長の機会ともなります。

第一に，準備作業を通して，「自分の相談活動の何が役だったのか」というフィードバックを保育者から受けます。筆者らの行っている巡回相談活動は，年に1回しか各事例を訪問できません。また，翌年度継続して訪問できるかどうかもわかりませんので，相談活動の評価を受ける機会はほとんどないといえます。そうしたなかで，この事例検討は，相談員にとっては自らの相談実践の評価がなされる貴重な場ということになります。

第二に，整理を検討・共有していく作業のなかで，巡回相談時には十分に把握していなかった保育の取り組み上の苦労や工夫，該当園の保育や保育者集団の特徴に触れることができます。たった1回きりの出会いかもしれない巡回相談において，さらに限られた時間のなかで，保育者に「役に立った」「また来年度も相談したい」と評価されるために，相談員側の専門性を前面に出してい

くことが多くなりがちです。それに対して，報告準備段階では，まず，保育者による該当児の成長の整理や保育実践の整理が提示され，それをベースとして検討を開始します。この経験は，以降の巡回相談において，相談員が保育を見る視点を豊かにしてくれます。

　研修当日も，相談員にとっては重要な仕事があります。一つには，報告者がスムーズに報告できるように司会をしたり，事例へのコメントをする事にありますが，もう一つは，報告自体や報告へのコメントなどを通して，相談員の存在や仕事内容を知ってもらうこと，およびどのような専門性を背景としてどのように保育を支援しようとしているのかを知ってもらうことです。参加者の感想の中にも，「相談員の存在を初めて知った」「相談員の仕事がよく分かった」という記述が見られることがあります。保育者側からいえば，自分たちの役に立つ専門家なのかという評価（値踏み）をする場ということになります。研修会の場での値踏みに合格するかどうかは，その後の相談活動のしやすさやそもそも相談依頼数を大きく左右するでしょう。

11-4　テーマ別グループ実践交流会

11-4-1　準備過程

　実践報告を踏まえて，いくつかのテーマを立て，比較的少人数のなかで自分たちの実践を交流して学び合って欲しい，という位置づけで実施しているのが実践交流会です。

　グループテーマは，相談員が決めます。実践報告レジュメ原稿の第一案ができたころ，担当相談員がその概要を相談員全員が出席する研究会で報告し，実践報告に含まれる検討課題に対応させてグループテーマを決めます。したがって，毎回テーマが異なりますが，ことばの育ちをめぐるテーマは毎回，保護者との関わりをめぐるテーマもほぼ毎回設定しています。この2テーマの他，多動傾向のある子どもに関わるテーマ，仲間づくりに関わるテーマは，参加希望者の多いテーマです。

11-4-2 参加者にとっての意義

11-4-2-1 保育者にとっての意義

　実践報告と同様，感想文から意義を推測します。

　第一に，力量形成に関する記述が毎回全体の40％前後を占めます。その大半は，「保育のポイントを再認識した」というような問題の整理に関わるものです。記述内容から推測すると，他園と実践交流したことによるというよりも，相談員による講習，あるいは交流のなかでの相談員のコメントから生じる感想のようです。保育者同士の自助的支援の側面があるとはいえ，発達や障害の専門家である相談員が参加する意義が確認できる結果です。第二に，「他園の保育者の悩みに共感した」という共感の記述が，毎回20％から30％程度あります。Ⅰ部の実践報告では，実践のすばらしさに共感する側面が強いのですが，Ⅱ部の方では，悩みの方への共感が多くなっています。この共感が高かった回には，保育意欲・学習意欲に関わる記述も高い傾向があります。「他園も悩みつつも，保育に取り組んでいる」「他園も大変な状況のなかで工夫して保育にあたっている」と知ることで，明日の保育への意欲，学習への意欲が湧いてくるともいえ，心理的安定への支援が成功しているようです。

11-4-2-2 相談員にとっての意義

　実践交流の場は，保育者の抱えている問題を直接に聞ける場です。危機的状況への介入という側面の強い巡回相談では，相談員の側からの発達や障害に関する知識・情報提供が中心となりがちで，限られた時間のなかでは，保育者の保育観や子ども観まで聞く余裕はほとんどありません。また，統合保育にかぎらず，日々どのような保育上の問題を感じているのかも知りたいところです。こうした事柄についての情報収集や意見交換が出来る場は，相談員にとってとても貴重です。

11-5　今後の課題

　筆者たちの主催する研修会も回を重ね，次の開催を楽しみにしてくれる保育

者もいます。しかし，運営面ではいくつかの検討課題があります。

　第一は，実践交流会の運営方法に関してです。心理的安定への支援としては，成功しているようですが，実践報告会に比較して，「時間が足りなかった」「もっと自分の問題を出したかった」「もっと相談員からのコメントが欲しかった」という運営に関する感想が多く見られます。後ろ二つのような要望からは，各実践に共通するテーマについての実践・意見交流の中から各自学び取って欲しいと願う相談員と，具体的に自分のかかえている問題を取り上げて検討して欲しいとする参加者とのずれがうかがわれます。

　保育者はさまざまな悩みを抱えて研修に参加し，その悩みを交流の場で吐露します。一つひとつの悩みには重要な問題が含まれており，他の参加者への示唆も多々あるのですが，限られた時間のなかで，相談員が答えるという形式ではなく，どうすれば話し合いへとつなげていけるのか，を試行錯誤しています。一つの試みとして，保育課担当者に実践交流会の司会を依頼しはじめました。従来，相談員が司会もコメンテーターも務めていましたが，相談員が両者の役割をとってしまうと，保育者が他の保育者に対してではなく，相談員に語るという雰囲気になりがちでした。相談員がコメンテーターの役のみになることにより，保育者同士のやりとりを活性化したいと考えたのです。この試みは，相談員のコメンテーターとしての位置づけを明確にする役割を果たすとともに，行政の担当者との連携を一層すすめるねらいもあります。保育者同士のやりとりが心理的安定への支援に役立つのみでなく，力量形成への支援ともなりうるには，相談員としてどう援助すればよいのかは引き続き課題です。

　第二は，どのようにすれば保育者の保育経験を研修に活かせるかという問題です。

　筆者らの主催する研修会は，当初民間園のみを対象としていたので，参加の中心は比較的若い保育者でした。その後，対象が公立園へも拡がり，保育経験20年以上のベテラン保育者も多数参加するようになってきました。経験の違いから，あるいは，園のなかで期待される役割の違いから，各参加者の研修への期待が大きく異なることが推測されます。保育経験別に研修内容・研修方法を

考えていく必要があるのか、あるいは、ベテラン保育者と新人保育者との交流から新たな研修の可能性を生み出すことはできないのか、などを検討する必要があります。

　最後に、研修型コンサルテーションのシステム介入的側面について触れます。研修会での支援対象の中心はもちろん保育者ですが、筆者らの実施している研修会は、もともと相談員側が持ちかけて、自治体主催で実施されることとなったものです。新たな事業を立ち上げたという点で、行政への援助といえます。保育課の担当者が、実践報告事例を検討する相談員の研究会に参加したり、実践交流会での司会を担当したりして、研修会の内容的側面、運営面に参与する度合いが年々高まってきています。こうした連携により、研修会運営のみでなく、巡回相談活動の運営についてもより一層スムーズな連携ができていると感じています。行政担当者・保育者・相談員という三者の専門性を十分に発揮できる研修会を実施していきたいものです。

(1) 保育者の成長モデルについての研究は十分になされているとは言えませんが、雑誌『発達83』（ミネルヴァ書房、2000年）の特集「保育者の成長と専門性」のなかで、秋田がアメリカの保育者についてヴァンダー・ヴェンという研究者が立てた5段階モデルを紹介しています。また、この特集のなかでは、立川と後藤が、それぞれ保育者の成長の契機について事例をあげて考察しています。
(2) 自助グループとはいえ、多くの場合専門家が後見役をしていることが普通です。研修における実践交流では、相談員が後見役ということになるでしょう。それに対して、専門家が参加しない場合を特に相互援助（mutual assistance）グループと呼び分ける研究者もいます。

参考文献
石隈利紀『学校心理学』誠信書房、1999年。

第3部　効果的なコンサルテーションをめざして

　ここではこれまでの事例をふまえ，相談員がコンサルテーションに臨む際に実際に出会うことの多い制約と問題点を押さえ，コンサルテーションの実践上の留意点を整理します。また私たち相談員にとって，保育者が保護者や専門機関と連携していくことをどう支援していけるのかはますます重要な課題となってきています。この連携の問題について，あらためてここで取り上げます。最後に，相談員自身が保育者にとって真に役立つコンサルタントとして成長していくために何が必要であるかを考えます。

12　保育を有効に支援する相談員

12-1　保育者との関わりとコンサルテーション

12-1-1　保育者との関係作り

　相談員と保育者の関係のあり方は，コンサルテーションにおいて重要な意味をもちます。相談員は担当保育者との関係作りを心がけると同時に，園や学童保育所という組織との関係作りを念頭におかねばなりません。[1]担当保育者は組織のなかで役割を担うものであり，実際の保育の取り組みを考える際には保育者間の協力が不可欠だからです。

　出会いの場面では多かれ少なかれ保育者は相談員に対して「この人は保育現場に役立ってくれる人か」「自分たちの保育をこの人はどう評価するのだろうか」と期待と不安をもって出迎えます。相談員ははじめに自己紹介とともにコンサルテーションの目的と時程を説明します。保育者の不安が少し強いと感じたとき，たとえば「保護者にコンサルテーションの了承を受けたが，相談員が子どもに対して何か特別な働きかけをするのか気にかけていた」などと保育者が話してきたときには，相談員自身の経歴を多少詳しく説明し，いつも通りの保育のなかでの子どもの様子を観察すること，したがって基本的には普段通りの保育を展開してもらうよう伝えます。保育者が相談員を療育の専門家ととらえ，子どもを相談員に預けて保育者はなるべく子どもに関わらないようにする，などといった誤解をする場合もありますので，コンサルテーションの進め方を初めに確認しておくことは大切です。

具体的手順の流れにあたっては，保育現場の都合を問い合わせつつ，発達検査をどの時間帯にどこで実施するか，事後カンファレンスの時間設定をどこにするか，といったことを話し合います。保育現場の事情に応じる柔軟性を提示することは，コンサルテーションにおける保育者と相談員の関係の対等性と共同性を保育者に認識してもらうことに役立ちます。コンサルテーションに行政担当者が同席する場合は，行政担当者がこうした両者の最初の出会いがスムーズにいくよう仲立ちする役割を担います。

保育観察の際には，相談員は担当保育者ではない保育者やその他の職員とも機会をとらえて話をしてみると組織の様子がより見えてきます。このことは，直接コンサルテーションに関わらない保育者たちに相談員を認知してもらう機会となり，このコンサルテーションは他人事ではなく組織全体に関わるものであるという雰囲気をつくっていくことにもつながります。

実際には，単発的なコンサルテーションでは保育者との関係作りに十分な時間をかけることはできません。まずは，相談員は保育現場の価値観や考え方を尊重する立場に立つことをアピールしながら，問題解決の方向性を見出すためのプロセスに入っていきます。コンサルテーションのプロセスを通して相談員と保育者が協同的に関わるなかで，相互の関係を深めていくものであるととらえるとよいと考えます。

12-1-2　カンファレンスの役割

12-1-2-1　カンファレンスとは

① **カンファレンスの目的**

子どもに対する間接的支援を行うコンサルテーションは，相談員がカンファレンスを通して，保育者の子どもに対する援助能力を高めることができて初めて実現するものです。カンファレンスの目的は，保育者の主訴にこたえると同時に，その事例において何が優先的問題であるかを参加者が共同で，時には相談員がリードして見きわめていくことです。そして問題解決をめざす時には，カンファレンス参加者が協同して保育に対する介入の方向性を見出していきま

す。またカンファレンスで保育者と相談員がともに考え合う過程を通して，将来保育者自身が問題を解決していく力量を高めていくことも目的の一つです。

② **カンファレンスの参加者と司会者の役割**

単発のコンサルテーションでは，保育現場に支障のない範囲で保育者側が必要と考える参加者がカンファレンスに出席することになります。担当保育者のほかにどのような職員が参加するかを見て，カンファレンスの司会者を選びます。担当保育者と相談員は提出する情報が多いので，全体を見渡す視野をもてる立場にある他の参加者（行政担当者，園長など）が司会者となることが望ましいといえます。適当な他参加者がいない場合は，相談員が司会者を兼務します。定期的なコンサルテーションでは，カンファレンスの目的に応じて必要と考えられる職員の出席を，相談員から要請して参加者を構成していくことができます。

司会者の役割は，次に述べるカンファレンスの留意点を念頭におき，限られた時間のなかで話し合いがアセスメントから介入の段階へとうまく流れるようにリードしていくことです。目的をつねに意識しながら，どの参加者も積極的に参加できるよう公平な態度で話し合いを進めていきます。

③ **カンファレンスの留意点**

効果的なカンファレンスにしていくために，参加者は以下の点に留意してカンファレンスに臨みます。

① 相談員がリードして，保育者の主訴および背景にある問題とニーズを整理し，取り組みの優先順位をつけます。これにより，参加者全員がカンファレンスの目的を共有します。

② 相談員や司会者は，どのような疑問や意見も発言できる雰囲気，だれもが小さな気づきを述べることができる雰囲気をつくるよう心がけます。

③ 参加者は，目的に向けて必要な情報を出し合い，これを整理していきます。

④ 参加者は，相互の役割や専門性の違いを尊重しあわねばなりません。

⑤ 参加者は，協同的な話し合いをとおしてアセスメントを深め，問題解決に向けて目標を設定します。

⑥　参加者は，保育者の主体性を十分尊重して，目標に向け介入の具体的な内容を検討しあいます。

④　介入の方向性

相談員は，現場の実情に即して保育者の潜在的な力を引き出していくよう介入の計画を立てます。ごく単純化すると，つぎのような介入の方向性が考えられます。

①　受け入れ期で保育者の不安が高いとき。相談員の専門性を発揮して，子どもの発達と障害についての的確なアセスメントを行うこと自体が，保育者にとっての支援になります。

②　保育者が問題に対する取り組みの方向性，対応策をすでに考えているとき。話し合いのなかで保育者の考えを明瞭にし，これを有効に進めるために何をどう変えていくかを考えます。保育者が一定の取り組みを行ってきた場合はこれを整理して見直します。プラス効果のあった取り組みはその意義を再確認し，保育者の保育意欲と自信につなげていきます。効果の見られない取り組みは，保育者が無力感に陥ることのないよう見直し，場合によっては取り止めることを勧めます。

③　保育者に対する新しい提案，助言が必要なとき。これまでの保育者のとってきた方向性と別個の方向性を提示することになるので，これを具体化していく際には十分な話し合いが必要です。方向性を提示するのは相談員ですが，具体化していく主人公はあくまで保育者です。

④　カンファレンス参加者以外のものとの連携が必要なとき。参加者がいろいろな連携の必要性に気づき，意見が一致すれば，相談員は保育者と連携のための段取りを話し合い，必要に応じて連携のためのカンファレンスをあらためて開くよう提案します。

12-1-2-2　カンファレンスの実際

カンファレンスにおいてはさまざまな現場での制約があるものです。そうしたなかで，相談員は臨機応変に効率的に話し合いを進める努力をしていかねばなりません。巡回相談を例に実際のカンファレンスにともなう制約と可能性を

考えてみます。
① 単発的か定期的か

　単発的なコンサルテーションの場合，情報量，時間の制約から見て，1回のカンファレンスのなかで具体的方策をつめるまでに話を進めるのはむずかしい場合もあります。そのような時，結論をいそいで相談員からの一方的な提案に終わってはなりません。むしろ相談員からは保育の方向性を提示し，具体的方策のいくつかを出し合うことにとどめ，カンファレンス後に保育者や保育者集団として具体的方策を選択していくよう求めた方がよいと思われます。

　連携に関わる問題などでは具体的情報の提供が欠かせません。カンファレンスの場ですぐに提供できなければ，あとで電話連絡を入れるなどのフォローが必要です。行政担当者に情報提供を依頼することもできます。

　定期的なコンサルテーションでは，前回の相談とその後の経過をふまえてカンファレンスをつくり，次回以降を見越して問題を焦点化することができるので，具体的方策まである程度の時間をかけて話し合うことができます。保育現場の特徴の把握や保育者との信頼関係形成が行いやすいことなど，単発的な場合に比べていろいろな利点があります。しかし相談員は慣れているがゆえに保育を見る見方が固定化することがないよう，その時点ごとの問題を的確に把握する必要があります。

② 参加者の制約

　保育現場では，子どもたちの保育に支障のないよう職場全体の配慮のなかでカンファレンス参加者を決めなければなりません。このカンファレンス参加者の顔ぶれをみると，職場の保育者同士の関係，コンサルテーションに対する期待，ニーズといったものを，相談員は漠然とではありますが感じとることができます。管理職が参加する場合やできるだけ多くの保育者が参加できるよう工夫がなされる場合，そこにはコンサルテーションを保育者集団全体で受けとめ活用したいというニーズがあり，多くは保育者相互の協力体制，サポート体制を築きやすい土壌があるようです。担任保育者ひとりが参加するような場合，時には障害児の保育が全体の保育に十分位置づいておらず，障害児に対する保

育者の役割分担があいまいであることがあります。そのような時には、カンファレンスで保育者の役割体制そのものを問い直していくことが必要となります。他の保育者を巻き込んでいくためにも、都合で参加できない職員のためにも、コンサルテーションについて職員会議で報告し、報告書を回覧することなどを相談員から保育者に求めることで、参加者の制約を緩和していくことが考えられます。

③ 時間的制約

巡回相談においては、一般的に保育観察や発達検査をはさんで、事前事後の2回のカンファレンスを行います。事後カンファレンスについては、園では昼寝の時間帯など保育者が比較的参加しやすい時間帯に行いますが、学童保育所ではおやつ後、帰りの会始まりの時間までを使用することが多いようです。保育が行われている傍らでのカンファレンスなので、相談員は限られた時間を意識して対応する必要があります。

事前カンファレンスは、保育者が作成した事前資料をもとに、子どもの様子と保育の経過、保育者が感じている問題（主訴）を聴き取ります。保育者としては限られた時間のなかでできるだけわかりやすく情報を提供するよう準備をしています。しかし保育者自身が問題を焦点化できなかったり、コンサルテーションの目的を十分理解していない場合は、冗長な報告となることがあります。そのような時、相談員はとりあえずの仮説をもって情報を収集すると効率的です。「特に情報を得たいポイント」を適宜投げかけていくことで、保育者が報告を立て直すことができます。

また保育観察にあたって、保育者の主訴をふまえ、どのような保育場面の観察が必要であるか、場合によっては子どもの注目すべき行動が見えやすい場面を設定する必要があるかなどについて、事前に打ち合わせを行います。

事後カンファレンスは、相談員から観察や検査結果のフィードバックを行うことを軸に、これに対する保育者の見方を出してもらい、子どもの姿を理解し合い、保育上の取り組みを見出していきます。限られた時間のなかでは、実際には相談員から保育の具体的方策を提示することは多くあります。それが実現

可能かどうか，より実現しやすい別の方策があるのではないか，といったことを保育者の専門性から検討します。保育者自身が具体的方策を選択したという感覚をもてるよう相談員は心がけなければなりません。相談員から保育者のこれまでの取り組みの評価と意義付けをし，その延長上に具体的方策を位置づけるなどしていくことも，保育者の主体性を尊重する上で有効です。

12-1-3　コンサルテーションにおける報告書の役割

　相談員は毎回のコンサルテーション後に，できるだけ速やかに保育者に向けての報告書を作成します。これはコンサルテーションを通して明らかになった子どもの状況や保育上の課題を保育者に対して整理して提供するものです。カンファレンスの場では保育者自身納得したと思ったことが，時間の経過に伴いあいまいとなることがあります。保育者にとって報告書を参照することによってあらためて子ども理解を深めることにつながるものであること，保育者が保育に前向きに取り組むことを励ますような報告書であることが望ましいといえます。また報告書を活用して，保育者集団全体に障害を持つ子どもの理解を深めてもらう，職員会議の資料としていくといったことが考えられます。

　報告書の書式は，保育者にとってわかりやすいものでなければなりません。一般に，「子どものアセスメント結果」と「保育上の課題と取り組みへの助言」に分けて記述します。アセスメント結果に関しては，単なる検査結果の羅列を行ってはなりません。子どもの発達の水準を知るだけでなく，具体的にどういう場面でどんな力を出せるか，どのような支えがあるとできるか，どの部分で援助が必要かという情報とともにフィードバックする必要があります。たとえば「○歳レベル」の発達という情報は，子どもに対する基本的な見方をおおまかにわかりやすく伝えることができると同時に，「○歳レベル」という先入観が保育者の子どもを見る目を歪める危険性をもっているからです。観察から得た所見は，できるだけ根拠となるエピソードを盛り込んで具体的に記述します。

　助言事項に関しては，カンファレンスで取り上げた内容について，できるだけ保育者自身から出された具体的方策を支持し，そうした対応が子どもの成長

にどのような意味を持ち，どのように変わる可能性をもつかを含めて記述します。保育者の取り組みだけでなく，保育体制など保育者集団全体に関わる場合，保育者が取り組みへの第一歩を踏み出すことを励ます助言であることが望まれます。

一方相談員にとっては，報告書作成という作業を行うこと自体がコンサルテーションの内容を自覚的に反省する機会となります。アセスメントやこれに基づく助言の妥当性，保育者と相談員の間の意思疎通などカンファレンスをふり返りながら，保育者にとってわかりやすいようにまとめ，修正すべき気づきがあればこれを盛り込みます。

また定期的なコンサルテーションでは，過去の報告書は貴重な事前情報となります。事前カンファレンスで，保育者から前回の助言の妥当性と保育上の成果について報告してもらうことから始めます。報告書は，保育者が保育上の取り組みの変化と子どもの育ちの経過をとらえる視点を提示しています。これをもとにした把握とこれに対する保育者の率直な感想を出発点に，これからの相談の方向性の確認や修正を行います。

12-2　保護者との連携への支援とコンサルテーション

保育者が「障害のある子どもの発達を園生活において促したいと思っているが，保護者との良好な関係作りが難しく，協力を得られない」と訴える場合があります。子どもの生き生きした活動を求めて日々努力する保育者たちですが，保護者との関係作りには随分悩んでいます。それゆえ，保護者との関係作りへの支援をしていくことはとても大切です。

ここで「良好な関係」とはいったい何でしょうか。

「良好な関係」とは保護者と保育者が互いに対象である子どもを見たとき，同じ見方をしたり同じ行動をとるという，ずれのない状態を言うのでしょうか。保育者と保護者の間で共通の見方，共通の行動が存在し得るのでしょうか。

保育者と保護者は，実は子どもを異なる場でみています。ひとりの子どもに

対して，異なる場で，異なる時間に，異なる側面を見て働きかけを行うのですから，子どもの見方にも当然ずれが生じてくるのです。ここでは，見方にずれが生じるのをなくすという考え方ではなく，保育者と保護者が互いにずれがあることを認め合いながら，共通の目標や見とおしをもつことをめざしたいと思います。そのためには相談員がコンサルテーションにおいてどのようなことに留意したらよいかについて考えていきます。

12-2-1　保護者の心理状態

　子どもをもつ保護者の心理状態に関しては，子どもの障害の有無を問わず，さまざまな研究がなされてきました。たとえば2000年に行われた乳幼児をもつ母親1270名に対する子育てに関する調査の結果では「どんなときに最も子育てがつらいと感じるか」という質問に「育児における孤独感を感じたとき」と「対人関係のトラブルがあったとき」という2項目が上位を占めています。つまり一般の子育て中の母親も人間関係の難しさを悩みとして訴えているということになります。育児という行為を通してであう人間関係に難しさを感じたり頼れる人がいないことへの不安や不満を感じています。

　加えて，障害のある子どもをもつ場合には当然のことながら保護者の悩みはさらに深刻で複雑になります。これまで障害のある子どもをもつ保護者の心理状態に関する研究は，①母親の心理・社会的ストレスの因子構造，②障害のある子どもを育てる保護者がたどる心理的段階，③子どものライフイベントと両親の抱える悩みの変容などについて行われてきました。

　たとえば①の心理・社会的ストレスの因子構造に関する研究では表面的に安定して適応しているようにみえる母親が日常生活の上でも子どもと自分をとりまく周囲との関係のなかでいろいろなストレスを感じ悩んでいると指摘しています。障害のある子どもの発達や行動そのものから生じるストレスの他に，家族以外の人間関係から生じるストレス，たとえば保育者や指導員との関係から生じるストレス，夫婦関係から生じるストレス，日常生活における自己表現から生じるストレスが挙げられています。また②の障害のある子どもを育てる保

護者がさまざまな心理的段階をたどることも指摘されています。時間の経過とともにショック，否定したい気持ち，悲しみや怒り，適応，再起という段階を行きつ戻りつしながら変化していくといわれています。また障害受容のプロセスも「子どもが就学するまでに障害を受容していく」というような時間的長さでひとくくりにできるものでもなく，ゴールがあるわけでもありません。保護者一人ひとりがみな異なる障害受容プロセスをたどり続けていくのです。さらに③の子どものライフイベント，たとえば就学前後に保護者のストレスが高まるというような，保護者の抱える悩みの変容について指摘されています。人生での大きな環境の変化が，子どもに与える影響を不安に感じ，保護者の緊張感が高まることが報告されています。また入園前の保護者の悩みは子どもの言葉の発達の問題や落ち着きの無さ，マイペースであるといった行動上の問題に関する悩みとなることが多い一方，入園後は友だちに関心がないなど社会性の問題への悩みがめだってきます。環境の変化がある時期は，保護者とともに子どもも緊張感が高まり，そのことによる退行をみせたり，問題行動を引き起こしたりすることも指摘されています。

　さらに家族や家族を取り巻く人の状況によっても異なってきます。たとえば育児の負担が母親に集中してしまいがちになるときに，父親がどのような形でサポートしてくれるかによって母親の心理状態は変わります。また，祖父母の存在もサポートの対象になる場合もありますが，そうでない場合もあります。特に母親と父親，祖父母との間で子どもの障害への理解と対応で意見対立し，「うちにはそういう家系はいない」といわれ孤立している母親もいます。

　障害のある子どものきょうだいの心理状態やそれを心配する保護者の悩みもあります。障害のある子どもが，医療機関や療育機関に通うには，家族の協力が欠かせません。どうしても関心が障害のある子どもに向きがちだったり，場合によってはきょうだいの都合よりも療育を優先せざるをえないこともあります。保護者としては「きょうだいだから同じように対応したいが，どうしても無理なことがあり，きょうだいの気持ちを思うと心配です」と悩むこともあります。

その他，子どもの障害の種類によっても保護者の心理状態は異なってきます。たとえばダウン症のように，誕生後早期に障害を診断され，早期療育へ参加することをすすめられる場合と，軽度の発達遅滞のようにただ何だかわからないまま不安を抱きつつ，成長を見守りながら「3歳までには追いつくだろう」，「就学までには追いつくだろう」と揺れ動いている場合とでは保護者の心的葛藤のあり方も異なってきます。さらに自閉症の子どもの保護者のように，わが子でありながら心が通じ合えず，育児に前向きになれないつらさから，民間を含めたさまざまな療育機関に「ドクターショッピング」をしていくこともあります。多動の子どものように行動上の問題を抱えている子どもの保護者は，子どもの動きに振りまわされつつとにかく周囲に迷惑をかけないようにということばかりに神経をすり減らしていることもあります。学習障害の特徴をもつ子どもの保護者はできるはずのことがなぜできないのか，やる気がないのか苛立ち，厳しく接し，周囲の誤解との間で疲れ，それでも変わらないわが子に困り果てています。

　障害の重さによっても異なるでしょう。障害が軽度という判定が出ている場合，むしろそれだからこそ，周囲には保護者のしつけの問題と捉えられたり，子どもに高い要求をつきつけられたりで，保護者が必要以上に子どもに厳しい働きかけをしながらうまくいかず，悩んでいることもあります。

　このように障害をもつ子どもの保護者の心理状態は検討されてきましたが，それをふまえて，保護者をとりまく周囲の者が保護者をどう支援するかについては，まだ十分議論されておらず，検討を重ねる必要があります。次項でこれについて考えたいと思います。

12-2-2　保護者との関係作りの留意点
12-2-2-1　保護者との関係作りに悩む理由
　保育者が保護者との関係作りに特に悩むというのは，どのような場合でしょうか。
　一つには，保育者が，保護者とは異なる保育の場で子どもをみているという

ことを考慮せずに，保護者に同じ見方を要求する場合です。たとえば保育者が，子どもの発達について心配し，園のなかでは解決できないとして，専門機関への受診の必要性を保護者に伝えようという場合，同じように保護者も心配しているのでしょうか。「家ではできるんです。心配していません。」とまずは断るのがほとんどです。保育者は園での子どもの姿を，保護者は家での様子をみています。子どもの活動も園と家とでは異なります。保育者が気になることを保護者に伝えたときに同じことを家で心配したり，気にしているとは限らないのです。このような時，保護者に同じように問題を感じてほしいと要求し，受け入れられないと保育者は悩むことになります。

　二つ目は，保育者が，保護者の障害受容の状況を考慮せずに，保護者が保育場面での子どもの姿を保育者と同じ見方ができると思い，理解を求める場合です。保護者が子どもの障害を受容するプロセスが一様ではないことは先に述べたとおりです。それぞれの家族で段階の移行にかかる時間が異なるだけでなく，行きつ戻りつすることもあります。段階の移行には家族間のサポートが必要ですが，サポートのあり方もさまざまです。子どもの家族，保護者が，今どのようなサポート状況のなかで，どのような障害受容の段階にあるのだろうかということを理解することなく，保育者が一方的に保育のなかで子どもの姿を伝えたり，取り組みについて語ってもうまくいかず悩むでしょう。

　三つ目は保育者と保護者，双方の育児方針が大きく異なる場合です。子どもに対する育児方針はみな異なるのですが，大きく異なる場合，協力関係を結ぶのは難しくなります。たとえば，保護者が「できない部分を手助けするというような特別扱いはしないでほしい」と訴え，あくまでクラスの子どもたちと同様の働きかけを保育者に求めるときがあります。しかし保育者は，「子どもが理解できずに参加するよりも，発達に合わせた援助に支えられて，活動を十分理解しながら楽しんで参加すること，自信をつけていくことを目指していきたい」として，『特別扱い』とは捉えていません。双方に大きな考え方の違いがあるのです。

12-2-2-2　保護者との関係作りに悩むときの対応

　では保護者との関係作りに悩むときには相談員は保育者にどのような対応をアドバイスしていけばよいのでしょうか。

　まず保育者が子どもの見方の違いをめぐって悩むとき，相談員は保育者に視点の転換をすすめるアドバイスをすると良いと思います。つまり保育者は「保護者も同じような見方をして，子どもの問題を感じてほしい」と考えがちですが，見方のずれがあって当然であるという捉えかたからスタートするようアドバイスしていきます。たとえば「ことばが理解できない」と心配する保育者と「家ではわかっています」とする保護者との見方の違いを，ずれをなくして保護者も「ことばが理解できない」と心配するようにもっていくのではありません。「自分でほしいものは自分で取れるし，外出する時も率先してでていくし，わかっていると思う」という保護者の説明から，保育者は，「これだけ自分で動ければ困らないですよね」とした上で，「どうやって工夫すれば園でも困らないか，参考にするので教えてほしい」と尋ねてみるのです。「家では，親が鍵を取るのを見ると，玄関に走って行く」という保護者の答えから，「目で見える手がかりをできる限り増やすといいようですね」などと，保護者の見方を理解していきます。その上で「手がかりのないことばも理解していく」という次の目標を共有することを目指していくのです。

　さらに，園でも家でも目標として共有していた「手がかりのないことばを理解する」のが難しい事態になったときには，異なる専門機関，療育機関への受診を保育者が話題にしていくと，保護者が必要性を理解しやすくなるかもしれません。

　次に障害受容の状況を保育者が考慮していないと思われる場合には，まず保育者に保護者の複雑な心理状態や，障害の受容の過程について説明していきます。同時に保護者が子どもと今まで過ごしてきた時間のなかで気づいている，子どもの特徴や対応について，保育者が学ぶ姿勢を示していくようアドバイスしていきます。保護者しか気づいていない子どもの関心や好きな遊び，困った時の対応の仕方があるはずです。障害の診断を受け入れられず，否定している

段階の保護者に，保育者が将来の見通しまで伝えながら相互理解を図ろうと努めても難しいでしょう。その場合には先のことよりまず現在の保育のなかでの子どもの姿を伝えることを大切にするべきです。また頑張ってやっていこうととにかく前進しようとしている保護者に，ゆったり構えていきましょうと伝えても相互理解は難しいでしょう。むしろ具体的に保育の場で取り組んでいることやその理由を伝え，家庭でも応用できそうなことを明確に伝えてみることが大切でしょう。

　その他，障害の違いにより，たどるプロセスの違いを保育者に説明したりします。

　さらに育児方針が双方で大きく異なる場合はどうしたらよいでしょうか。保育者と保護者が異なる場でみている，異なる子どもの姿から，同じ子どもの見方や保育方針を見いだそうということはとても難しいです。保育者の方はできる限り早く保育方針を固め，保護者と共有し，子どもの発達を促したいと思いがちです。しかし保育者と保護者で育児方針の接点もなかなか見いだせない場合があり，保育への取り組み意欲がそがれてしまうこともあります。そのような場合には相談員は保育者に対して保育の意味付けをすることが大切です。子どもが保育の場で得ている経験がその後の成長にとって，とくに長期的な見通しのなかでどんな意味をもちうるのか，励ますことが大切です。またその際，相談員が捉える子どもの発達状況を保育者に明示した上で，保育の意味を伝えると，保育者は自分が行う保育についての不安が軽減し，励みになります。そして相談員は保育者に，保護者との育児方針の接点を見いだすことをやめてしまうのではなく，時間をかけていくことを伝えることが必要です。

　さらに就学など子どものライフイベントが子どもや保護者の心理状態に与える変化について説明したりします。就学の前と後で専門相談機関との関わりが変わりますので，その橋渡しも明確に提示しながらすすめることが大切です。たとえば保健センターは就学前の子どもと保護者の相談が主体ですし，療育センターも養護学校や障害児学級など特殊教育機関に入学した子どもと保護者の相談はかなり減らしていきます。一方，就学後は教育相談所を中心とする教育

相談機関が主たる相談の窓口となりますが,今までと異なる専門機関に戸惑ったり,一から人間関係を作っていくことに不安を抱えたりして,保護者の方が関係を切ってしまう場合もあります。療育センターのケースワーカーや保健センターの心理相談員が就学時には相談のなかで橋渡しを行うようにしていますが,全てがスムースにいくわけではありません。特に園に通っている子どもと保護者の場合にはすでに入園した段階で療育センターの相談が切れてしまう場合も多いようです。コンサルテーションに関わる相談員が,地域の情報を十分に把握して,保育者にも提供し,保護者に説明できるようにしておくことはとても大切です。コンサルテーションにおいて子どものライフイベントをきちんと視野に入れた助言は,現実的であり保育者にとっても信頼できる具体的な話しとして捉えやすいともいえます。

「保護者を支援する保育者」という視点はここ数年で保育の重要な課題の一つとしてとりあげられるようになりました。保育者が障害のある子どもの保護者との関係作りを行うとき,保育者が安易に「支援する」姿勢を貫こうとすると,関係作りは決してうまくいきません。保護者が障害を受容しているように思っても,子どもの成長の過程やその時々におこる事情で受容の状況も大きくゆれます。加えて異なる場で子どもを見ているのですから,「同じラインに立つ」ことや「同じ考え方をもつ」ことを目指すことは難しいのだと思います。

相談員はコンサルテーションにおいて,保育者に対して,いろいろな見方を理解しながら,保護者と共に子どものどのような姿を目指そうかという期待を共有することが大切であることを強調していくことが必要だと思います。

12-3　地域の専門機関との連携への支援とコンサルテーション

12-3-1　地域のネットワークの実情を明示する

1999年改訂の保育所指針では「地域において最も身近な児童福祉施設」として,保育所の役割の拡大が求められました。[4]「入所児童の多様な保育ニーズへの対応」として障害のある子どもの保育について語られています。そのなかで

「家庭，主治医や専門機関との連携を密にするとともに，必要に応じて専門機関からの助言を受けるなど適切に対応する」と述べられています。

　保育園も保育における専門機関のひとつです。地域のなかで他の専門機関と連携し合いながら子どもと家族の健康な育ちを支援していくことが求められているのです。園だけでは抱えきれなかった子どもの育ちの問題や保育の問題も，異なる専門機関と連携することで，より多面的に具体的に検討できることもあります。特に90年代後半からは『エンゼルプラン』『新エンゼルプラン』を通して，「地域で子どもを育てる」力を高めるために，異なる専門機関どうしが連携し合うことが強調され，子どもと家族をとりまくネットワークが形のうえでは整備されてきています。(5)しかし実際の活用には問題が多く存在します。たとえば，「目の前の問題をどこに相談すればよいのか」に悩む保育者，家族は少なくありません。このような時，相談員が地域の専門機関のネットワークを把握していて必要に合わせた専門機関を保育者に助言することが大切になります。

　相談員は，ネットワークを活用する意識をもちながら，保育の状況に合わせて保育者がより必要性のある専門機関と連携をとれるよう，見取り図を明示していくことが必要です。また相談員は見取り図を示していく際に，保育者に地域の専門機関のネットワークの全体図について，情報を提供することは大切な仕事です。それには相談員自身が，地域の専門機関のネットワークについての全体図とともに，各々の具体的な役割，取り組み内容までよく知っていることが必要です。実際に専門機関に足を運び，どんな療育や相談，保育，教育がどのような流れで行われているのか目でみておくことが大切です。つまり対応できることと対応できないこと両方を知っておく必要があります。また相談員は保育者にも実際に目で見て確かめる見学の機会をつくり，同行をすすめることも必要です。

　すでに子どもが療育機関に通っていて専門の指導を受けているような場合には，相談員は保育者に，保護者に同意を得て療育の場を見学させてもらうようすすめてみるとよいと思います。「保育のなかで専門の指導を活かしたいから」

という理由での見学は保護者も保育者の姿勢を前向きなものとして心強く受け取るはずです。実際に子どもの療育の場に見学に行った保育者は，保育の場と異なる子どもの姿を見る機会を得，専門の療育指導から保育の工夫に関するヒントを得て，有意義だったと指摘しています。

ネットワークは活用されることで改善するべき点が明らかにされ，より良い形に変えていくこともできます。

12-3-2　子どもの発達と障害を支援する地域の専門機関

では実際に子どもの発達と障害を支援する多くの地域の専門機関はどのような形で機能しているのか一般的な流れを示していきます（図12-1）。矢印は主たる流れ，点線は働きかけることによって実現する連携です。したがって点線は，自治体の状況で多少異なる部分です。

出生の際，何らかの経過観察を必要とする子どもと家族の場合，出生病院でそのまま継続して経過観察する場合と居住地域の保健センターの乳幼児健診等で経過観察をする場合があります。また場合によっては専門病院に紹介され，そこで継続相談を受けて行く場合もあります。いずれも，出生病院の医師から出生の経過を詳しく記載した紹介状が出され，必要な情報を提供することで連携を図っています。地域医療が主体となって子どもと家族の健康な生活を支援するという考えかたが広まり，医療機関と居住地域の保健センターとの連携は密になってきています。

保健センターではその経過をふまえ，子どもの状態によって，小児科医師による乳幼児経過観察や必要に応じて栄養指導，心理相談，保健師家庭訪問，遊びのグループ指導などを行いながら，それらの結果は子どものカルテにまとめて記載されていきます。ただ，保健センターのこれらの継続相談は1か月に実施される回数に限りがあり，障害の疑われる子どもで医学的検査やより継続した専門指導が必要と考えられる子どもの場合には地域の療育センターに紹介をしていきます。その場合は，保健センターで行った相談の経過を家族の居住地区を担当する保健師がとりまとめて，療育センターのインテークの手続きを手

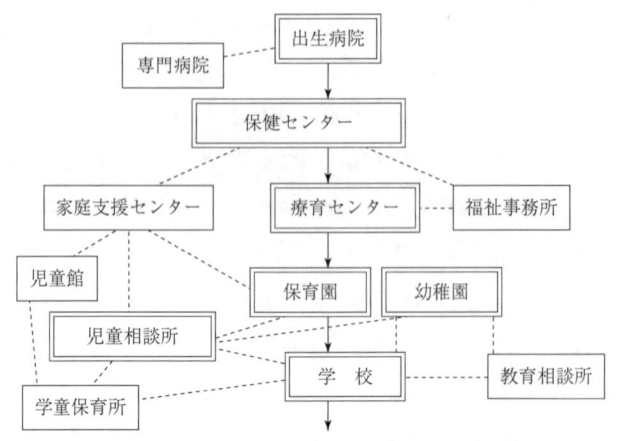

```
              ┌──────────┐
              │  出生病院  │
  ┌──────┐    └────┬─────┘
  │ 専門病院 │         │
  └──────┘         ▼
              ┌──────────┐
              │ 保健センター │
              └────┬─────┘
       ┌──────────┼──────────┐
  ┌─────────┐ ┌────────┐ ┌────────┐
  │家庭支援センター│ │ 療育センター │┄│ 福祉事務所 │
  └─────────┘ └────┬───┘ └────────┘
    ┌─────┐        │
    │ 児童館 │      ▼
    └─────┘  ┌────────┐  ┌────────┐
       ┌──────┤  保育園  │  │  幼稚園  │
       │児童相談所│    └────┬───┘  └────────┘
       └─────┘       │
    ┌──────┐    ┌────────┐  ┌────────┐
    │学童保育所│┄┄│  学 校  │┄┄│ 教育相談所 │
    └──────┘    └────────┘  └────────┘
```

図 12-1　子どもの発達と障害を支援する地域の専門機関

伝います。

　療育センターでは各種医学的検査や面接，相談を行い，障害の判定の結果によってはセンター内で通園指導や理学療法や機能訓練，言語指導，心理相談など専門指導が行われます。しかし，保護者の意向にもよりますが，将来的には地域の保育機関である保育園や幼稚園への入園をすすめていきます。

　自治体によって異なりますが，受け入れ人数の限られた療育センターの専門指導は，子どもが入園した後は回数も随分減ります。むしろ公的機関は二重措置になるとして，終了となる場合もかなりあります。障害児の措置入園には程度に差がありますが，保育者が加配され，子どもの発達を支援していきます。

　就学時の学校選びは保護者にとって大きな不安ですが，見学や説明会を通してまた就学相談を通して，最終的には保護者の意向を優先する形で決められていきます。就学してからもさまざまな問題や悩みが生じてきます。そのときに子どもと保護者が継続している相談の場があればよいのですが，就園や就学を機に療育センターの相談が切れてしまうことが多くあります。

　就学後にあらためて相談する場合には，教育相談所が主たる場になりますが，民間の相談機関や支援機関を探して通う保護者も多くみられます。

12-3-3 専門機関との連携の際に生じる問題と対応

　子どもが関わる専門機関の場が変わるとせっかく以前の専門機関で得たきた子どもの発達経過や子どもと関わる際の工夫などが，次の専門機関に伝えられず，活かされないことが多くあります。たとえば保健センターで行っていた相談の経過を保護者の承諾を得て，教育相談員へ申し送りをすれば，子どもの就学という環境の変化による混乱も少なくてすむと予想されますが，実際には情報のやりとりは少ない状況です。情報の共有には，保護者の承諾が必要で慎重に行うべきことですが，特に就学など節目の時期には必要に応じて情報の交換をしながら子どもの育ちをバックアップする体制を作り上げていく必要があるでしょう。相談員は子どもが専門機関との関係が変わる時期のコンサルテーションでは，意識して，体制作りに関わっていくことが大切です。

　たとえば就学相談という初めての場で，パニックになり何もできずにいた自閉症の子どもがいました。判定の結果もかなり低いものでした。保護者も保育者も保育の場で獲得してきた子どもの成長に手応えを感じていたので，その結果は不満でした。コンサルテーションの場で，相談員は保育者に「お母さんが望むなら，就学相談担当の人に園での様子を見に来てほしいとお母さんに伝えてもらったら」と助言しました。同時に「来園が実現したら，入園当初の子どもの発達の状況と現在の様子を整理して伝えてみる」事をすすめました。コンサルテーションの場でも，保育者と子どもの入園後の育ちを振りかえりながら，再度整理してみました。保護者の要望をうけ，教育委員会就学相談の担当の方が園に様子を見にきました。担当の人は，慣れた場である園での子どもの様子の違いを見て，また保育の場での成長ぶりを保育者から報告を受け，理解を示しました。その後何度も就学相談の機会を作り，再度の判定をすることになりました。

　前の専門機関から次の専門機関に対して，「このような特徴を持って」いて「このような対応をしたらこうなった」ということを，具体的に長所も短所も含め明示しておくと，初めて子どもを受け入れる場は混乱を少なくすることができます。相談員は連携の橋渡しのような役割を意識して行ったり，保育者が

どのような形で連携に加わればよいかをアドバイスすることも必要になります。

　管轄の違いが連携の事態を難しくしているときには，相談員という第三者の立場を利用して，双方に問題を提起していくことも必要です。

　たとえばある自治体では，障害のある子どもを学童保育所で受け入れる時に，指導員が「子どもの発達状況を知りたい，就学前にどんな指導を受けていたのか知りたい」と思っても，療育センターと学童保育所という管轄の異なる専門機関の間で，情報がきちんと伝えられずに混乱を招いていました。コンサルテーションを通して相談員は指導員の混乱を把握し，保護者の了解を得た上で，就学前に継続していた専門指導の様子を伝えてほしいと療育センターに要望しました。その結果，療育センターでの様子がきちんと伝えられるようになり学童保育所の指導員の保育上の手がかりになっています。

　また相談員としての問題提起を行うときには，理由をきちんと整理し，子どもの発達の状況，子どもの将来の見通しや方向づけ，家族の状況を明示しながら，連携によって可能になることとならないことを具体的に提案していくことが求められます。

　さらに相談員は地域の異なる専門機関で行う勉強会やケース検討会に出席することは地域の専門機関の実情をよく知る上で大変意義のあることです。また担当の保育者も同行できるような場合には，積極的に参加を勧めたり，その際の情報を園内に持ちかえって他の保育者達に報告するようにアドバイスを行うことも必要です。[6]

12-3-4　連携を保育に活かすために

　専門外のことは異なる専門機関に任せるという受身的なつながりは連携ではありません。ただ他の専門機関のことは他の専門家に任せるという事態は陥りやすい実態でもあります。

　相談員は保育者に対して，保育者としての立場をあらためて認識するよう求めることも必要になります。たとえば保育者が，療育機関で行っているメニューをそのまま保育の場で導入して，実施しようとしてしまうことがあります。

日々の保育で行き詰まった上でのことが多いのですが，それでは園という場の専門性，独自性が成り立ちません。上手に取り入れ活用することとコピーしてしまうことは大きく異なります。相談員は，保育という場でできること，それが子どもの発達にどのように必要なことかをコンサルテーションの場で十分説明することが大切です。そして保育者は保育の専門家であること，そして保育の専門家として，より積極的に他の専門家の力を活用することを目指すことを強調することも必要です。

一方で保育者が陥りがちな，園での問題の抱え込みは，避けなければなりません。「園で何とかしなければ」とか「日々接している私たちが家族を支えなければ」というプロ意識が過剰に働いて，本来，園だけでは抱えきれないような許容量を超えた事態まで園が支援しようとすることがあります。こうした状況にあるときには，相談員は，抱え込んでいる問題を整理して保育者に優先順位をつけるアドバイスをすることも必要です。その上で，必要に応じて園外の専門機関につなげていく役割をとることが大切です。

さらに園外の専門機関との連携を保育に活かしていくためには，基本的なことですが，園内の職員間での連携がなされていないと実現しません。相談員は，担任保育者にのみ負担がかかったり，心配を抱え込んだりすることのないよう，職員全体で子どもを支援していく姿勢を常に意識してもらえるよう，コンサルテーションの場で喚起していくことが大切です。

12-4　行政との関わりとコンサルテーション

自治体とコンサルタント契約を結んでいる場合，よりよいコンサルテーションを行うために相談員が行政に働きかける必要があります。

12-4-1　コンサルテーションの認知度を高めるよう行政に働きかける

コンサルテーションは保育者の相談意欲が高いほど高い成果を期待できます。そのためには相談員は保育者にとって「相談するに値する」と認知されねばな

りません。まずは行政による広報活動や障害児保育に関する保育研修会に相談員が関わることを通して，相談員の存在を保育者にアピールしていくことが必要です。その一方コンサルテーションを重ねるなかで，保育者から得た信頼感を地道に積み重ねていく努力が相談員に求められます。

　行政担当者には広報活動の要として積極的に動いてもらい，できるだけコンサルテーションに同行して保育者と相談員の仲立ちをしてもらうよう働きかけます。保育現場に同行することにより，行政担当者は現場のニーズを直にくみ上げ，これにそってコンサルテーションの活動内容を修正，調整しやすくなります。相談員と行政とが協力して調査を行うなど，コンサルテーションに対する保育者の評価と要望を広くくみ上げる努力をしていくことも大事です。

12-4-2　事前資料と報告書の扱いについて

　コンサルテーションにあたって，行政側としては保育者に目的を十分理解してもらった上で相談に臨むよう働きかけていくべきです。そのためにはまず保育者がコンサルテーションの事前資料を作成するなかで，必要な情報をコンパクトに的確に書き込めるよう保育現場に応じた形式を工夫することが必要です（表12-1）。これについては相談員からも行政側に積極的に意見を出していくとよいでしょう。そして保育者がある程度保育上の問題を焦点化する努力をして事前資料を作成するようにしてもらいます。この点があいまいな事前資料については，行政担当者から個別に記入の趣旨を説明するなどして事前資料の意味と相談の目的の理解を徹底することが望ましいといえます。

　相談員が作成した報告書は行政担当者を経て保育現場にフィードバックされます。行政担当者が報告書の内容を共有することは大事なことですが，現場の保育者にはできるだけ速やかに報告書を返さなくてはなりません。報告書を提出してから保育者にそれが届くまでに相談員が思っている以上に時間がかかる場合があります。行政担当者とフィードバックの流れについて打ち合わせ必要に応じて改善することが必要です。

表 12-1　事前資料の項目

```
1  子どもに関する情報
     家族構成，生育歴，医学的既往歴，相談・療育歴
     入園（入所）以前の保育状況
     家族へのサポート状況（例，祖父母の援助，ボランティアの援助）
     障害に対する保護者の考え
2  現在の保育状況
     在籍クラス，クラス在籍児数，クラス内年齢構成
     対象児の通園状況と保育時間
     クラス保育者と保育上の役割分担
     1日の保育の流れ，保育形態
3  これまでの保育の取り組み
     具体的な取り組みの内容とその経過
4  保育者からみた現在の子どもの発達状況
     生活習慣，ことば（言語理解と表出・表現），遊び，他児・子ども集団との
     関わり，微細・粗大運動，親との関係
5  相談事項
     現在困っていること，気になること
```

注：学童保育のコンサルテーションでは，事前資料としてさらに次のような項目が必要です。
　　子どもの在籍学校の種類とそこでの適応状況
　　学童保育への出席状況
　　学童保育の1週間の流れ，年間の主な行事

12-4-3　研修会の企画を支援する

　相談員は，講演形式の研修会で講師を務め，保育者同士を結ぶ研修会（実践報告会や実践交流会）の企画に協力することで，行政としての取り組みを支援します。その際，保育現場のニーズによりあったものへと研修会を改善していくよう相談員から行政に働きかけます。
　実践報告会を企画する場合，保育者は事例をまとめることに不慣れなことがあります。相談員としては，研修の場で活かしやすい形の報告作りを助言するなどして，実質的な面で保育者を支援することが大切です。実践報告会や実践交流会の主役は保育者であり，保育者間の活発な意見交換を実現するためにも，研修会の司会等運営は行政担当者が担い，相談員はコメンターなど会のサポート役にまわるとよいでしょう。
　実際に研修会に参加する保育者は各現場をやりくりして出席することになり

ます。参加したくとも参加できない保育者もいるわけであり，研修の場で得た成果を各保育者が自分の職場に持ち帰るようにするにはどうすればよいのか，保育実践の成果を冊子にすることで各職場での学習を促進できるのではないかなど，保育者研修に関わる行政側の課題はたくさんあります。相談員として研修会の運営をサポートしながら，そうした課題を適宜行政側に提示して改良の努力を求めていくことが大切です。

12-5 相談員の専門性の向上のために

12-5-1 相談員としての力量の形成と位置づけの自覚

12-5-1-1 保育・地域に関する学習の場をもつ

　相談員は，乳幼児期，学童期の保育についてつねに学びの姿勢をもたねばなりません。相談員として独り立ちするまでには，保育者の学習会に自主参加させてもらう，保育者の共同研究者として研究視点を持って継続的に保育観察を行うなどが考えられます。そうした場で，保育のさまざまな問題について保育者と話し合い，保育者の保育のとらえ方，子ども観といったことを学ぶことができます。保育に関する学会，保育団体の研究集会などは全国で開催され，長年の蓄積をもつ，水準の高いものとなっています。そうした場を積極的に学習の機会としていくことができます。

　また子ども集団の特徴，地域性を知るためには，カンファレンスで保育者から意識的に聞き取っていくことに加えて，行政担当者や地域紹介のパンフレットなどから大まかな地域の背景を把握しておくことが必要です。コンサルテーションの事例を蓄積していくことによって，相談員は地域に関する情報，子ども集団の特徴をある程度事前情報として把握しておくこともできるでしょう。相談員として地域の住民や専門機関による地域連絡協議会などの場に出席することで，地域の特徴，地域ネットワークを学び，地域とのつながりをつけておくことができます。

12-5-1-2　発達臨床に関する学習の場をもつ

　子どもの発達や障害に関する知見は日々蓄積されています。相談員はそうした専門的知識を単に鵜呑みにするのではなく，自らの経験を使って検証的な姿勢をもって学んでいく必要があります。地域の療育機関の内容，活用可能性についてはアンテナをはって情報収集を行い，できれば相談員側から実際のコンタクトをもって緊急時にすみやかに連携できるようなネットワークを作っておくことが望まれます。

　相談員としての実力を向上させるための学習の場としては，各種の学会，研究会の活用があります。学習者としてだけではなく，積極的に事例をまとめ，研究課題をもって報告するといったことが，相談員の子どもの発達をとらえる基本的な力量の形成につながります。

　また，相談員同士あるいは相談現場に関わる他職種（保健師，ケースワーカーなど）とともに日常的な研修の場を作り，事例検討を重ねることが大切です。相談活動に理解の深い第三者の目を通して，アセスメントと助言の妥当性，コンサルテーションの経過を問い直すのです。また他者によるコンサルテーション事例を検討することで，多くの相談上のヒントを学ぶことができます。他機関との連携にあたって研修仲間で情報交換をすることで，ネットワークを広げることができます。

　すでにある保育組織の中に単独で参入する相談員は，保育者との信頼関係を作り上げていくときや相談過程が停滞しているときなど，さまざまな意味で精神的な負荷に耐えていかねばなりません。この意味で，研修仲間の存在は相談員が「ひとりではない」と勇気を得，また具体的なアドバイスを得て保育現場に向かうことを支えます。相談員が保育現場にとって有効な働きを続けていくためには，このような相談員としての研修の場を確保することが大変重要です。

12-5-1-3　相談員としての力量を把握する

　相談員個々の力量は，よく精通している問題領域からそうでない問題まで幅があるのが現実であると思います。責任をもった支援をしていくためには，相談員として自らの現時点の力量をきちんと把握して，力不足であると判断する

問題領域ではこれを補う専門機関等との連携を積極的に進めていくことが必要です。もちろん他機関に任せて終わりになるわけではなく、フィードバックを得ながらこれを相談員自身の臨床経験の蓄積としていくことが大切です。

相談員としての自分の力量を自覚すると同時に、コンサルテーションにおける自らの位置づけを自覚することも必要です。保育の場を知ることは不可欠ですが、相談員が保育者の立場に共感するあまり保育者側の視点からしか状況を捉えられないようでは困ります。むしろ保育現場の内側にいては見えにくいことがらを、外部から参入した者として相談員が明確にしていくことが大切です。保護者や専門機関との連携をはかっていくときにも、相談員は保育者視点に偏ることなく客観的な視点に立って、それぞれの力をよりよく引き出すよう役割を果たしていかねばなりません。

12-5-2　コンサルテーションの反省

　コンサルテーションを反省的にとらえるためには、保育者からのフィードバックを得ることが大変重要です。定期的なコンサルテーションであれば、相談員はカンファレンスの冒頭において、前回のコンサルテーションについてのフィードバックを保育者から得ることを必ず行います。単発の相談であっても行政担当者との情報交換によって、その後の経過を把握することが必要です。コンサルテーションに対する保育者の評価を質問紙等により調査、検討することも考えられます。相談員として保育者の評価を知るよう努力し、コンサルテーションの内容を改善する姿勢をもたねばなりません。

　また、保育者が保育実践報告のまとめを作成する過程に相談員が関わること、相談員が保育者から情報を得て事例をまとめて学術的に公表していくことは、相談員が反省的視点に立ってコンサルテーションをとらえ直すことに役立ちます。相談員が実際に保育現場に関わる時間は保育全体からみればわずかな時間です。このためコンサルテーションの際には見落とし気づくことができなかった情報に、事例をまとめる作業のなかで気づくことがあります。保育者による保育上の取り組みのプロセスを知ることの中に、相談員として多くを学ぶこと

ができます。ある程度の時間経過のなかで保育をまとめ直す作業は，相談員にとって節目節目でコンサルテーションの成果がどうあがったのかどうかを問い直すことにつながります。

(1) 吉川悟『システム論からみた学校臨床』（金剛出版，1999年）は第1部第2章で，スクールカウンセラーと学校という組織との関係作りを論じています。
(2) 繁多が2000年2月から4月にかけて行った0歳から3歳までの子どもをもつ母親1270人を対象とした子育てに関する質問紙調査のうち「今まで育児をしていて一番つらかったとき」という自由記述の部分の結果にあたります。『第1回子育て支援研修会資料』（日本臨床心理士会，2000年，20-21頁）。
(3) 障害のある子どもをもつ親の心理状態に関する研究にはいくつのタイプがみられます（以下数字は本文に対応）。
　①心理・社会的ストレス因子構造に関しては，植村勝彦ら「心身障害児をもつ母親のストレスについて——ストレスの構造」（『特殊教育学研究』18. 4, 1981年，56-69頁）があります。
　また②障害の受容の心理的段階については，Drotar, D.. Baskiewicz, A, Irvin, N. Kennell, J. H. &Klaus, M. H. 1975 *The adaptation of parents to the birth of an infant with a congnital malformation* : a hypothetical model. Pediatrics 56, 710-717.
　③ライフイベントと親の悩みの変容については，杉山ら「ライフサイクルと発達援助」『高機能広汎性発達障害』（ブレーン出版，1999年，第3章）のなかで触れられています。
(4) 『現代のエスプリ』401（2000年）で西内が公的保育対策の現状について『新エンゼルプラン』に触れながら報告しています。
(5) 平成11（1999）年保育所保育指針が改訂されました。そのなかで家庭・地域との連携については「第12章　健康・安全に関する留意事項」のなかで，また障害のある子どもの保育については「第13章　保育所における子育て支援及び職員の研修など」のなかで保育者の留意事項が挙げられています。厚生労働省『保育所保育指針』（フレーベル館，1999年）。
(6) 子どもと家族に関わる異なる専門機関が問題を共有し合い，よりよい対応を行うために東京都三鷹市では子ども相談連絡会を設けています。異なる専門機関の担当者が管轄を超えて意見交換するなかで，子どもと家族にとってより的確な対応を行い成果をあげています。山本真美「三鷹市における乳幼児期の子育て支援ネットワーク」（『発達』ミネルヴァ書房，2000年，2-21頁）。
(7) たとえば，日本保育学会，日本私立幼稚園連合会，全国保育団体連絡会，全

国学童保育連絡協議会，全国保育問題研究会など。
(8) たとえば，日本発達心理学会，日本教育心理学会，日本特殊教育学会，日本LD学会，日本発達障害学会，全国障害者問題研究会など。

終章　豊かな子育てと保育をめざして

終-1　発達心理学の専門家が「役に立つ」ために

　本書を執筆しようという声がわたしたちの間にあがったのは，約3年前の日本教育心理学会における自主シンポジウム「統合教育における心理職のコンサルテーション」を企画したころにさかのぼります。わたしたちは，主に「巡回相談」という方法で保育の場におじゃましながら，細々ながらも20数年にわたって保育者との協同の歴史を築いてきたという思いがあります。今，「巡回相談」は保育支援の方法として広く認知され──少なくとも保育園においてはですが──，学校臨床における対教師支援としての心理学者の関わりも，しだいに社会の要請するところになっています。シンポジウムの企画意図は，このような協同の形態を「コンサルテーション」という枠組みで捉え直し，わが国の保育の現状にそくした，心理学の専門家からの支援のありかたとしてこれでよいのかどうかを検証し，保育者にとって，ひいては子どもの発達にとって，「心理学が役に立つ」ためには本当のところ，どういう仕事をしなければならないのか，という問題提起を行うためのものでした。

　また，これからの子育て支援のありかたは，今後よりいっそう，子どもの生きるいろいろな場において，多様な職種間の連携やチーム・アプローチ，いろいろなシステム間の力動的で弾力性のある連携を必要としています。そのような要請において，発達臨床の専門家としては，連携のなかで「役に立つ」存在として，より広く認知され信頼されるべく努めなければなりません。そのため

にわたしたちは，個人的余技や個人の「職人芸」に終わるのではなく，自己点検と自己分析を通して，コンサルテーションという形態を通した支援におけるその理論や技術を普遍的なものにし，このような仕事をめざす後輩たちに対しても，それを明確に提示していく必要があると考えました。

ですから，本書の執筆に当たって，まず念頭に浮かんでいたのは，研究会の若いメンバーである人たちの顔です。彼らと共に保育現場に入り，共にカンファレンスを行い，報告書を読んでもらうと，「こんなことが分析できるとは思わなかった，私は現場で子どもと保育の何を見ていたのでしょうか」といった感想が寄せられることが多いものです。わたしたちもそのようにして，先輩について園に出入りさせてもらい，事例を追い，研究会での討論や共同研究を通して学んできました。しかし，先に述べたように，今，発達臨床の専門家は，子どもと親，保育者，そしてそれをとりまくさまざまな人々との関係において，コンサルタントとして保育に貢献することがより積極的に求められています。したがって，会の若いメンバーや同じように将来の発達臨床を担う人たちに対し，わたしたちは，可能な限り，自分たちの仕事を理論的に，かつそのプラグマティックスを明確に整理する必要があると思いました。

そのため，執筆は，わたしたちに深く内化している，コンサルテーションに必要な，わたしたちの持っているありとあらゆる資源——子どもの発達や保育を理解する方法，理論，それらの依って立つパラダイム，背景的知識，保育を支援するための多くの視点，保育を支える多くの人たちとの協同の方法などなど，ありとあらゆることがらを発掘する，もしくは暴きたてる作業になりました。ありとあらゆるというには，なんだこの程度か，と思われる読者もあろうかと思いますが，この作業はもちろん今後も続きます。わたしたちの生涯発達のために，御意見をおよせ下されば幸いです。

終-2　発達的視点に立ったgeneralな理解と柔軟な支援

　今回の作業をとりあえず終えて思うのは，今さらながら，保育という営みは，なんとさまざまの人たちの内外の関係が織り込まれ，多様な要因に重層的に支えられて成り立つものであるか，ということです。発達臨床の専門家が「保育を支援する」とは，そのような，保育をめぐる多彩な関係性や重層的な要因を総合的に多面的に理解し，それを発達臨床心理学というツールを通して活性化させることでしょう。つまり，発達的視点によって問題をgeneralに理解することが，保育を支援する発達臨床家としてのspecialityのひとつであるということです。そして，generalな理解に立った支援のためには，時として既存の枠組みを超えた提案をしたり，「けもの道」のような道を通って，関係の間に入ってあらたな関係をつないでいったりと，臨機応変に，柔軟に，支援の活動を創っていくこともspecialityのひとつです。自らの力と専門性の範囲を自覚し，自分にできないことはできる人にすばやく委ねる，という態度は専門家として守らねばならない基本的な姿勢ですが，それと同時にそのような弾力的な発想も必要です。本書のコンサルテーション事例は，どの事例も多かれ少なかれ，それぞれの相談員が厳密に発達の視点に立って保育を支援しようとした活動であると同時に，かなり挑戦的で創造的な実践を試みています（のつもりです）。

　柔軟な支援のためには，本文には書ききれませんでしたが，場合によっては無償という意味でのさまざまなボランティア的な支援を通して，保育実践がより有効に機能するようはたらきかけることもあります。保育者と共に専門機関や障害児学級を見学に行ったり，園の行事を見に行ったりします。保護者の都合に合わせて話し合いの時間をとることもあります。もちろん，そうでなければならないというつもりはありませんが，そのような姿勢は求められるでしょう。さらに，コンサルテーションも人と人の営みですから，それを成功させるため，職員集団の関係を見ながら，"ここへの支援も鍵になる"と思われれば，

やや筋を外したことも，必要とあればやってしまいます。地域や職場内の問題を抱えた児童館長の悩みを1時間ほども聞いていたり，相談員が児童館職員と関わることによって，学童保育の問題をいくらかなりとも館職員が共有することにつながると思えば，児童館事業の仕事への要請を引き受けたりします。

このように，発達臨床コンサルテーションの理論的枠組みを一定程度整理し，従事する者の専門性の輪郭を描くことは，「限界を踏まえ枠のなかでの責任を果たす」ということと同じではありません。保育において子どもの発達が最善に実現される，というニーズを満たすために発達臨床家として少なくとも何をしたらよいのかという，今わたしたちに考えられる基本的枠組みであり，専門性の輪郭です。

終-3 時代の要請する子育てと保育を共に作りあげる

また執筆の作業を通してみると，コンサルテーションによって「心理学が役に立つ」とは，保育や保育者に欠けているものを心理学によって補ったり，保育の業務の一部を下請け専門機関として請け負うことではなく，時代の要請する保育を共に新たに作りあげていくことである，という思いをあらためて確認しました。

今，たとえば医学の進歩によって，あらたな障害の存在が明らかになったり，難しい病態やさまざまのリスクを持つことが判明している子どもたちを，保育において健やかな発達を保障することが求められています。諸科学のめざましい進展は人の生物学的な基盤を解きあかしつつありますが，生物学的な微細なリスク要因は，社会文化的な環境要因によって容易に刺激され，病理的な育ちに展開しやすくなります。保育は，そのようなリスクを負った子どもたちへの思慮深い対応も求められています。また社会環境においては，家族の機能や地域の教育力は激変しています。子どもたちは，人々のネットワークのなかで，養育のまなざしに囲まれ，さまざまの教育的配慮を受けながらその相互交渉の

なかで成長する，という権利を奪われています。親の価値観や育児方針も，伝統的で集団的な価値から自由を得た代わりに，子どもの養育に必要な養護性を十分備えないものであったりします。保育の場と保育者は，このような子どもをめぐる今日的な事情と，それゆえの社会的な期待を一身に背負っています。発達臨床家はその専門性をもって，こういった複雑で高度な時代の要求に応える保育を作りあげることに参加したいと思います。

　最後に，本書は，保育者のかたがたによってわたしたちが育てられた成果であると同時に，子どもたちから学ばせてもらった成果でもあることを強調したいと思います。わたしたちは，コンサルテーションを行いながら，保育実践とそのなかでの子どもの発達を通して，多くのことを学んできました。「大輔君」「ゆうじくん」「貴史くん」「亮くん」「よしこちゃん」「和也君」「夏子ちゃん」は，それぞれの背後に過去に出会ったたくさんの「大輔君」「ゆうじくん」「貴史くん」「亮くん」「よしこちゃん」「和也君」「夏子ちゃん」がいます。わたしたちは保育の支援にあたって，発達心理学や障害の科学など，発達臨床のさまざまな知見によって子どもを理解し，保育の支援に活かそうしますが，実際のところ，わたしたちの不勉強もあってか，子どもを通して学び，既存の知見に新たな理解を加えたり修正する方向のほうが大きいように感じています。優れた保育者との出合いと同様，たくさんの子どもたちに出会ってこそつかんでいくことがらは限りなく多くあります。事例に学ぶ，理論に帰る，再び事例に理論を活かす，という弁証法的な態度を大切したいと思います。

　本書が，保育を支援する発達臨床家の可能性の輪郭を描くものとして，なんらかの意義があるとすれば，それは第一に，今まで出会った保育者と子どもたちのおかげであることを記して，最後としたいと思います。

執筆者のプロフィール［担当章執筆順］

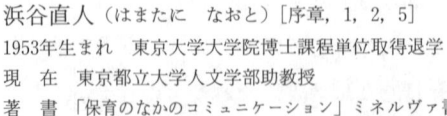

浜谷直人（はまたに　なおと）［序章, 1, 2, 5］
1953年生まれ　東京大学大学院博士課程単位取得退学
現　在　東京都立大学人文学部助教授
著　書　「保育のなかのコミュニケーション」ミネルヴァ書房（共著）
　　　　「僕たちだって遊びたい」ささら書房（共著）

「子どもの生活の場で発達を見たい」と，現場（保育園，学童クラブ，学校）に出向く巡回相談員を続けて20年になりました。子どもが地域で豊かに育つように，発達を支援し，参加を実現することに取り組んでいます。

西本絹子（にしもと　きぬこ）［3, 9, 終章］
1956年生まれ　お茶の水女子大学大学院修士課程修了
現　在　玉川大学文学部非常勤講師
著　書　「保育のなかのコミュニケーション」ミネルヴァ書房（共著）
　　　　「乳幼児のための健康診断」青木書店（共著）

20余年前，保育園でのPちゃんとの衝撃的な出会いが人生を変えました。「豊かな発達，力のある支援とは何か」と突きつけられながら，保育園，幼稚園や学童保育所での相談活動は1回1回が文字どおり真剣勝負です。

木原久美子（きはら　くみこ）［4, 7］
1957年生まれ　早稲田大学大学院博士課程後期満期退学
現　在　帝京大学文学部助教授
著　書　「僕たちだって遊びたい」ささら書房（共著）
　　　　「子どもの描画心理学」法政大学出版局（共訳）

卒論のために2年間通った乳児院が保育現場との最初の出会いです。以来，保健所，教育相談室，保育所などで心理相談を担当してきました。遊びや絵を通して表現される子どもの世界の豊かさを大切にしたいと思っています。

藤崎春代（ふじさき　はるよ）［6, 11］
1955年生まれ　東京大学大学院博士課程単位取得退学　博士（教育学）
現　在　帝京大学文学部助教授
著　書　「保育のなかのコミュニケーション」ミネルヴァ書房（共著）
　　　　「子ども時代を豊かに」学文社（共著）

修論で，生活発表（休日の経験を仲間や先生に報告する）場面を分析しました。20年たった今，生活発表との出会いと当時継続でフォローしていたFくんとの出会いが，私の臨床活動の原点だと再確認しています。

吉川はる奈（よしかわ　はるな）[8, 12-2, 12-3]
1964年生まれ　お茶の水女子大学大学院修士課程修了
現　在　埼玉大学教育学部助教授
著　書　「心理学のポイント」学文社（共著）

保健センターでの心理相談，保育園や幼稚園での巡回相談を通して子どもの発達支援，母親への育児支援，保育者へのコンサルテーションをしています。そこでの多くの出会いが私の財産。出会いの数だけドラマがあります。主役は子ども，母親，保育者です。

古屋喜美代（ふるや　きみよ）[10, 12-1, 12-4, 12-5]
東京大学大学院博士課程単位取得満期退学
現　在　神奈川大学外国語学部教授
著　書　「遊びの発達心理学」萌文社（共著）
　　　　「乳幼児のための健康診断」青木書店（共著）

子どもたちが絵本の世界でわくわくドキドキする姿にひかれています。乳幼児母子遊びグループの指導などを経て，学童保育の巡回相談をしています。子どもたちが熱中できる活動に出会えることを大切にしたいと感じています。

	保育を支援する 発達臨床コンサルテーション	
2002年2月20日	初版第1刷発行	〈検印省略〉
2004年9月20日	初版第2刷発行	定価はカバーに 表示しています

編著者	東京発達相談研究会 浜　谷　直　人
発行者	杉　田　啓　三
印刷者	田　中　雅　博

発行所　株式会社　ミネルヴァ書房
607-8494　京都市山科区日ノ岡堤谷町1
電話代表　（075）581−5191
振替口座　01020-0-8076番

©浜谷直人ほか，2002　　創栄図書印刷・新生製本

ISBN4-623-03580-8
Printed in Japan

書名	著者	判型	頁数	本体価格
0歳児の保育	吉村真理子著	46判	216頁	1800円
3歳児の保育	吉村真理子著	46判	224頁	1800円
子どもとことばの世界	今井和子著	46判	248頁	1800円
家庭との連携と子育て支援	新澤誠治・今井和子著	46判	252頁	2000円
保育を支える発達心理学	鯨岡峻・鯨岡和子著	46判	216頁	2500円

────ミネルヴァ書房刊────

http://www.minervashobo.co.jp/